湛庐 CHEERS

与最聪明的人共同进化

HERE COMES EVERYBODY

系统之美

[美] Donella H. Meadows 德内拉·梅多斯 著

邱昭良 译

THINKING IN SYSTEMS

浙江教育出版社·杭州

如何做一个聪明的系统思考者？

扫码加入书架
领取阅读激励

扫码获取全部测试题及答案，
测一测如何做一个聪明的
系统思考者

- 因为事物是普遍联系的，所以分析一个空调系统，也要联系到全球变暖，这是对的吗？
  A. 对
  B. 错

- 你为了锻炼身体，给自己定下一个目标：每天跑 5 千米。但是几周之后，你发现因为各种原因坚持得不好。这时，你应该如何运用系统思维以有效达成目标？
  A. 质疑目标合理性，选择调低目标
  B. 给自己一段时间深刻反思
  C. 先去找其他方法提高意志力后再来跑步
  D. 努力改变现状，比如今天就想方设法预留明天跑步的时间

- 医院分为不同的科室，每个科室又分成很多种细致的检查，患者会根据病症选择相应的科室进行问题的排查，再根据问题采取相应的措施，这是系统思维模式吗？
  A. 是
  B. 否

扫描左侧二维码查看本书更多测试题

Donella H. Meadows

德内拉·梅多斯

世界上最伟大的系统思考大师之一
麦克阿瑟奖获得者

**20 世纪最有影响力的
环境思想家之一,
将系统动力学应用于
全球问题**

  德内拉·梅多斯 1941 年出生于美国伊利诺伊州。在卡尔顿学院学习期间,德内拉结识了同专业低一年级的丹尼斯·梅多斯(Dennis L. Meadows),之后两人喜结连理。1969 年,两人前往亚洲旅行,目睹了发展中国家的贫困、污染和森林破坏景象。自此,德内拉开始思考人口增长、生态破坏、贫富分化等问题及其原因。

  在哈佛大学获得生物物理学博士学位后,德内拉加入了麻省理工学院的一个团队,将相对较新的系统动力学工具应用于观察全球问题。

  德内拉在 16 年里,坚持每周撰写一篇名为《全球公民》(The Global Citizen)的联合专栏文章,从系统的角度评论世界大事。这些文章被刊登在 20 多家报纸上,在 1985 年商业和经济领域杰出新闻报道冠军塔克全国竞赛(Champion-Tuck National Competition)中获得第二名,在 1990 年获得沃尔特·佩因科学教育奖(Walter C. Paine Science Education Award),并在 1991 年获得普利策奖提名。

首创知名的"世界模型Ⅲ"，引发持续至今的人类前途大辩论

德内拉认为，我们生活在一个全球化的世界中，面临许多复杂的问题，而解决这些问题需要人类具备系统思考能力。系统思考是一种将问题看作一个整体，并使其与周围环境相互作用的能力，它能帮助我们更好地理解事物，找到问题产生的根本原因，制定更好的决策。

1970年，系统动力学创建者杰伊·福里斯特教授设计出了世界模型。之后，作为福里斯特助手的德内拉受罗马俱乐部委托，联合一批年轻的科学家，在世界模型的基础之上，首创全球计算机模型"世界模型Ⅲ"，展示了整个人类社会的运行机制与未来图景，为人类走出困境、创造一个可持续发展的社会做出了重要探索，引发了世界范围内关于人类前途的大辩论——这场辩论一直持续到今天。

创立可持续发展研究所，引领全球社会向可持续发展转变

1982 年，德内拉和丈夫丹尼斯为资源利用、环境保护、系统建模和可持续性方面的领先研究人员创建了一个国际"网络之网"。自该网络成立以来，成员们每年秋天都会在匈牙利巴拉顿湖聚会。

1996 年，德内拉创立了可持续发展研究所，其使命是促进从地方到全球社会各个层面向可持续发展系统的转变。德内拉细致地分析了产生人类面临的复杂问题的系统，幽默而谦逊地描述了创造健康的功能替代品需要做些什么。她的指导性信息很简单：

> 我们人类足够聪明，已经创造了复杂的系统和惊人的生产力；当然，我们也足够聪明，能够确保每个人都分享他人的慷慨，并且能够可持续地管理我们赖以生存的自然世界。

德内拉出色地结合了三种品质：献身科学的严谨精神、根深蒂固的乐观态度和良好的沟通能力。她的系统工具使她能够清楚地看到似乎难以解决的问题的根源——贫困、战争、环境恶化、不可持续的增长。她对人类和地球的深厚感情使她拥有一种独特的力量去影响他人。

作者相关演讲洽谈，请联系
BD@cheerspublishing.com

更多相关资讯，请关注

湛庐文化微信订阅号

湛庐 CHEERS 特别制作

THINKING IN SYSTEMS

重磅赞誉

在使系统思考变得易懂方面，很少有人能与德内拉·梅多斯出色的口才和清晰的逻辑相提并论。当德内拉开始她的职业生涯时，该领域是深奥而颇具学术性的。如今，进行系统思考已成为商业领域和全社会采取明智行动的必要条件。德内拉手稿的出版是送给所有决策者的礼物。

彼得·圣吉

学习型组织之父，《第五项修炼》作者

系统论教会了我关联地、整体地、动态地看待问题。当你懂得用系统论看待世界时，就会发现，最美妙的不是这个世界，而是这个世界背后的规律。我建议初学者读德内拉的《系统之美》，写得很不错，可以帮企业的决策者建立基本的系统思考框架。

刘润

润米咨询创始人

系统思考是整体地、动态地、连续地思考问题的思维模式,是在复杂动态系统中的一种以简驭繁的智慧。决策者唯有深刻领悟系统思考的精髓,才能在正确的时间、正确的地点,做正确的事情。

左延安
中国工业经济联合会主席团主席
安徽江淮汽车集团公司原董事长

系统思考能力是企业家和公共事务管理者等决策者亟须提升的一项核心能力,本书对于提升这种能力具有重要意义和实用价值。

李 兰
国务院发展研究中心公共管理与人力资源研究所副所长
中国企业家调查系统秘书长

系统思考虽然出自系统动力学的方法,但其哲学基础却根植于东西方智慧深处之真善美。基于创造性系统思维的领导力是解决当今世界各种复杂问题、实现可持续发展的关键策略。邱昭良博士精译之作《系统之美》为重塑我们的创造性系统思维提供了"生生之美"(Creativity in Beauty)的哲学基础和实践工具,既能在求真的过程中体悟系统之美,又可基于系统观反思现实问题、汲取系统智慧,防微杜渐,并提供尽善尽美的系统设计。借此跨学科的远见卓识,可以践行"生生之德"(Creative Creativity)的智慧,应对各种复杂性挑战,创造更广大、和谐与健康的社会-生态-经济(Socio-eco-nomic)的可持续发展之道,为人类谋福利。

孟庆俊(Stephen Meng)
美国生成创造领导力研究中心创始人

今天人类面临的各种复杂问题，各个国家、种族、人群、团队之间的争斗，在很大程度上源自工业时代根深蒂固的心智模式以及由此主导的教育体制——把活的系统当成机器，认为一切事物都是可以被拆解和还原的，可以用理性和逻辑去预测和控制。然而，这显然是错误的。我们周围充满了各种活的系统，不仅需要逻辑分析，也离不开艺术、直觉、爱与慈悲等智慧。我们必须注重心与物的平衡、左脑和右脑的平衡，冷静洞悉系统的动态性、整体性和规律性。如果我们能把这种根植于东方智慧的全脑思维技能推广普及，那么对于社会的和谐、个人的发展，都是价值无限的。

宋　铠
美国凯斯西储大学系统工程博士，组织学习专家

"会干活"的前提是"会思考"。如果你想克服自己思维中固有的缺陷，学习和提升系统思考能力，应对复杂性挑战，学会与系统共舞，那么本书对你来说将是一部从入门到精通的智慧宝典。

邱昭良
管理学博士，中国学习型组织网创始人

本书的出版具有划时代的意义……它将在很长一段时间里重塑人类对社会生态系统的理解，其影响方式就如同20世纪六七十年代《寂静的春天》一书教会人类理解生态系统的本质一样。

奥兰·扬（Oran Young）
美国加州大学圣芭芭拉分校荣誉退休教授
美国国家科学院全球变化人文因素研究委员会创始主席

在阅读本书时，我始终感受得到大多数决策者和合格的系统思考者之间的巨大差距。如果本书有助于缩小这一差距，这将是德内拉最伟大的贡献。

莱斯特·布朗（Lester Brown）
世界观察研究所创始人，地球政策研究所创始人

任何一位希望创办并成功管理一家公司、一个社区或国家的管理者，都需要阅读《系统之美》这本书。如今，学习如何在系统中思考已经成为实现变革的基本素质之一。本书是系统思考领域最好的一本书。

亨特·洛文斯（Hunter Lovins）
美国非营利组织自然资本管理创始人兼主席

德内拉·梅多斯是我认识的最睿智的人之一，她几乎对任何问题都能一针见血地指出其潜在的本质，并发现新的问题。本书阐述了她是如何思考的，因此对于我们这些经常困惑于她是如何做到这一点的人来说，无异于无价之宝。这确实是一部经典。

比尔·麦吉本（Bill McKibben）
第三行动组织（Third Act）创始人

本书清晰易读，有助于各行各业的读者把握我们这个复杂世界到底是如何运作的，并善加利用。

艾默里·洛文斯（Amory Lovins）
落基山研究所联合创始人

德内拉具有一种独特的能力，她引导人们超越复杂的概念，洞悉系统的神秘之美。在这本她去世后才出版的书中，她为人们揭示了各

种不同的系统如何以相似的规律运作，并为我们提供了改变系统内在结构以取得更好结果的具体方法。本书是过去 10 年间系统思考领域 10 部必读著作之首。

贾尼丝·莫洛伊（Janice Molloy）
密歇根大学组织行为学和人力资源管理副教授
人力资源管理专家

推荐序

献给世界的复杂性，在复杂世界更好地活着
——纪念逝去的达娜

黛安娜·赖特（Diana Wright）

1993年，德内拉·梅多斯（我们叫她达娜）完成了本书的初稿。当时，这部手稿并未公开出版，但是在圈内已经流传了好多年。2001年，就在正式完成本书之前，达娜因意外永远地离开了人世……自她离开后，虽然已经过去这么多年，但她的论述显然并未过时，反而很多都得到印证，并持续地让广大读者从中受益。作为科学家和作家，达娜是系统建模领域最好的传播者之一。

1972年，达娜和其他合著者出版了畅销书《增长的极限》(*Limits to Growth*)，该书被译成多种语言在全球热销。在书中，她向人类提出警告，今天看来，这些预见和警告是非常准确的——如果不加抑

制,人类持续以不可持续的方式发展下去,会对全球造成恶劣影响。当时,这本书登上了世界各国各大报刊的头条新闻,因为它提出人口和消费的持续增长可能对生态系统和社会系统造成严重破坏,而后者正是人类赖以生存的基础;同时,对经济增长不加节制的追求也可能导致很多本地、区域内甚至是全球范围内的系统最终陷入瘫痪。该书出版后的数十年间,伴随着石油价格的狂飙、气候变化的严酷现实、全球人口迈向70亿大关[1],以及物质增长带来的诸多破坏性后果,书中的观点以及后来的更新一再成为世人关注的焦点,引发全球性的反思和行动。

达娜引领了社会观念的变革,促使人们改变看待这个世界和系统的方式,以此推动当今社会朝着正确的方向发展。如今,系统思考作为我们应对周围世界各种复杂性挑战的有力工具,已经得到人们的普遍认可,在环境、政策、社会和经济等领域得到广泛应用。不论是大系统,还是小系统,都有内在相似的规律和原理。只有理解了系统的各种规律和原理,我们才能顺势而为,正确地引领系统产生持续的变革,并将其应用于我们生活和工作的各个层面。达娜之所以写这本书,就是因为她想把系统思考的观念与方法传递给更多的人。也正是基于这个原因,我和可持续发展研究所的同事们决定在她去世后把这本书的手稿正式出版。我们认为,现在是时候了。

一本书真的可以帮助这个世界,帮助包括你在内的各位读者吗?我认为是的。也许你在一家公司工作,或者你自己就是某家公司的老板,正试图弄明白自己所在的公司或组织如何才能为创造一个更好的世界而转变。如果你是政策制定者,你可能正目睹自己的想法或意图

---

[1] 全球人口截至2023年已破80亿大关。——编者注

在遭受他人的阻碍。如果你是一名管理者,你要努力工作,解决公司或所在社群中的重要问题,在问题解决后还要面对其他挑战。日常生活中,我们经常会谈论社会(或家庭)应该如何变革,其所倡导或捍卫的价值观应该如何转变,但我们也可能会看到多年的进步在几次迅猛的抵抗中烟消云散。在全球化趋势日益深化的今天,作为一名普通公民,也许你会发现要想推动积极而持久的变化是如此困难,并因此而心灰意冷。

如果你正面临上述情形,那么本书将是你的行动宝典。虽然市面上关于系统建模、系统思考的书不在少数,但显然大家需要一本深入浅出、能启迪思维的系统思考应用入门读物,为我们答疑解惑——**为什么我们经常对系统感到困惑;我们如何才能更好地应对,甚至重新设计系统。**

在达娜撰写本书时,她刚刚完成了《增长的极限》一书 20 周年修订版,更名为《超越极限》(*Beyond the Limits*)。她是环境保护领域的皮尤学者,曾为美国国家地理协会研究与勘探委员会工作。此外,她长期在达特茅斯学院教授系统学、环境学和伦理学。在所涉猎的各个领域,她都非常活跃,积极参与各种活动和项目,她把这些活动当作我们生活中经常会面临的各种复杂系统的外在行为。

尽管达娜最初的手稿经过了多次编辑和结构上的调整,但你在本书中看到的很多例子仍然取自她 1993 年完成的初稿。可能有人会觉得这些案例有些久远,但我们之所以在编辑本书时选择保留这些案例,是因为它们给我们的启示仍然像当初一样深刻、有效,一点儿也没过时或失效。20 世纪 90 年代初期发生了很多事情:苏联解体;北美自由贸易协议签署;伊拉克入侵科威特,之后在撤军途中烧毁了很多油井；狱中的纳尔逊·曼德拉（Nelson Mandela）得到释放，南非的种族隔离制度被废除；劳工领袖莱赫·瓦文萨（Lech Walesa）当选波兰总统；诗人瓦茨拉夫·哈维尔（Václav Havel）当选捷克总统；国际气候变化委员会发布了它的第一份评估报告，指出"人类活动的排放物正在使大气中温室气体的浓度显著增加，这将加剧温室效应，并导致地表温度进一步升高"；联合国在巴西里约热内卢召开环境与发展大会。

那段时间，达娜在世界各地旅行，参加各种行业会议和活动，她定期阅读《国际先驱论坛报》（*International Herald Tribune*），在一个星期内就找到了很多系统性问题的案例，这些案例急需更好的管理或彻底的重新设计。她之所以从报纸上选择案例，是因为这是我们每个人日常生活中真实存在的事件。一旦我们开始把各种相关的日常事件联系起来，并且透过事件察觉到背后的某种趋势，而这种趋势又是潜在的系统结构的外在征兆，我们就具备了系统思考的能力。你可以用这种新的方式去管理、决策，并在这个充满各种复杂系统的世界里更好地生活。通过正式出版达娜的手稿，我希望可以帮助大家提高理解和分析你身边的系统的能力，并投身于各种积极的变化中去。

这本书讲的是世界的复杂性，也献给世界的复杂性。当今世界充满着各种各样复杂的系统，急切地要求我们转变行为。希望这本有关系统及我们如何思考系统的循序渐进的入门指南可以成为一个有力的工具，帮助大家应对这样的世界。也希望本书可以帮助那些真心希望更好地塑造未来的人们。

THINKING IN SYSTEMS

译者导读

决策者的系统思考

如果你是一家企业的老板，不管是大企业还是小企业，你都可能遇到下列难题：

- 想把业务做大做强，但驱动业务成长的关键因素究竟是什么？
- 企业做到了一定规模之后，似乎遇到了成长的"天花板"，徘徊不前，究竟应该如何突破、再创新高？
- 面对竞争加剧、价格大战，究竟应该跟进还是不跟进？
- 面对产品质量问题、销售不畅等困境，究竟应该采取怎样的对策？
- 面对工作与家庭的矛盾，究竟应该如何妥善处理？
- 面对工作应酬与身体健康的冲突，究竟应该如何兼顾？
- 管理团队中，每个人的看法都不同，大家争吵不休，如何达成共识、形成合力？
- 管理团队能力不强，究竟如何提高他们的能力？
- 如果你的孩子不愿意"子承父业"，你是否考虑过企业的前途？

如果你是一位职业经理人，不管是企业高层，还是某个部门的负责人，你都可能遇到下列难题：

- 如何组织、协调相关部门完成老板交代的任务？
- 如何更好地与老板以及"创业元老"进行沟通与协作？
- 如何解决你看不惯的一大堆问题？
- 如何带领团队如期、高质量地完成任务？
- 面对项目延期，加班是否能够解决问题？
- 面对其他部门的指责，你应该如何反馈和应对？

如果你是一位家长，面对"调皮"的孩子，如何抓好他的学业？如何与家庭成员和睦相处？

如果你是一位政府公务员，面对一个突发事件，如何快速有效地处置？

……

世界充满各种各样的问题。在我们的工作、生活、学习和成长过程中，每时每刻似乎都离不开问题的分析与解决，离不开决策的制定。

按理说，经过无数次的历练，我们每个人都应该成为解决问题与制定决策的高手，但事实并非如此：

- 很多人只是机械地应对，专注于事件层面的响应，而并未触及问题产生的根源。
- 很多问题的成因似乎很复杂，各种因素相互影响，难以厘清头绪。
- 很多对策并未抓住问题的本质，只是"治标不治本"的"症状缓解"，或者解决问题并不全面，导致"按下葫芦浮起瓢"，到处救火、应接不暇。
- 很多决策反而产生了一连串副作用，使局势更加恶化。

事实上，著名系统思考专家、美国麻省理工学院的教授约翰·斯特曼（John Sterman）的研究表明，人们用来指导自己决策的心智模式，在应对系统的动态行为方面具有天生的缺陷。人们通常持有一种基于事件层面、因果关系而非回路的观点，从而忽略了反馈的过程，意识不到行动与反应之间的时间延迟，在交流信息时也未能理解存量和流量，并且对于在系统进化过程中可能改变反馈回路强度的非线性特征不敏感。因此，可能产生我称之为"系统思考缺乏症"的5种典型症状：

- 只见树木，不见森林。
- 只看眼前，不看长远。
- 只看现象，不见本质。
- 头痛医头，脚痛医脚。
- 本位主义，局限思考。

任何一个决策者，包括企业家、管理者、公务员，乃至每个人，要想避免上述"系统思考缺乏症"，都需要具备睿智地分析和解决问题、制定决策的能力。**系统思考是你应对复杂性挑战、做出睿智决策、与系统共舞的核心技能。**

自20世纪60年代以来，系统思考作为与还原论相对立的思维模式，采用了整体论的哲学思想和辩证唯物主义的分析方法，并整合了现代复杂科学的最新研究成果，不仅具有完备的理论体系，而且拥有实用且有效的方法与工具，已在欧美等发达国家和地区的企业经营管理、生态环境、交通与水利规划以及社会事务管理、公共政策制定等诸多方面取得显著成效。

我在《系统思考实践篇》一书中提到，系统思考是"见树又见林"的艺术，它具有4个方面的重要价值：

- 解决复杂问题，制定睿智决策。
- 推动组织成长，提升组织能力。
- 激发集体智慧，加速组织学习。
- 建设学习型组织的核心技能。

总之，如果你想克服自己思维中固有的缺陷，学习和提升系统思考能力，本书对你来说将是一本从入门到精通的必读书。

一部系统思考的经典之作

我之所以认为本书是系统思考从入门到精通的必读书，没有丝毫过誉之意，主要原因在于以下几点。

译者导读　决策者的系统思考

高屋建瓴的系统指南

在本书的第一部分，作者简明扼要地讲解了系统动力学的基本概念（如存量、流量、反馈、回路等）和使用方法，并以动物园为隐喻，以每个人都可以理解的生动案例（如浴缸、温度调节器、人口和工业经济、库存、石油经济和渔业系统等），阐述了常见的系统结构及行为。我相信，只要用心，每个读者都可以掌握基本的系统思考方法。

需要说明的是，作者从事系统思考研究、应用与教学工作数十年，是系统思考领域大名鼎鼎的"世界模型Ⅲ"的主创人员，绝对是系统思考领域的大师级人物。虽然她长期从事教学工作，但她并不像有些学究那样，把系统思考当作充满数学方程式和建模的"高深学问"，而是深入浅出，选取读者身边常见的、耳熟能详的事件作为案例，用系统思考的原理与方法对其进行分析，让读者可以轻松入门，并在潜移默化中领悟系统思考的精髓、提升系统思考的能力。当然，这一切都基于作者对系统思考的深邃洞察和严谨应用，高屋建瓴，举重若轻，更显难能可贵。

深入解析系统运作机理

在本书的第二部分，作者对系统为什么会运作得如此精妙、为什么总是出乎我们的意料，以及常见的系统结构（基模）进行了解读，让读者"知其然，并且知其所以然"。

在第3章，作者详细阐述了系统的3个基本特征：适应力、自组织和层次性。正是这些特征的存在和相互作用，使得系统衍生出复杂多样的结构，继而呈现出缤纷多彩的行为特征。这是对系统运作内

XIX

在机理的深刻见解。只有深刻理解这些原理，才能更好地理解和驾驭系统。

由于社会上主流的思维模式与系统思考是相悖的，人们的心智模式也不能很好地考虑到现实世界中的"并发症"或者系统的某个侧面，因此，动态系统的行为经常让我们感到出乎意料。在第 4 章，作者给出了一个"警告清单"，包括 6 个注意事项：

- 为了在复杂的世界里自由遨游，你需要把注意力从短期的事件上移开，看到更长期的行为和系统内在结构，不要被表象所迷惑。
- 在非线性的世界里，不要用线性的思维模式。
- 你需要恰当地划定系统的边界（这一点通常并不容易）。
- 你需要考虑到多重限制性因素以及相对强弱。
- 你需要理解无所不在的时间延迟。
- 你需要清晰地意识到"有限理性"（bounded rationality）。

这既可以被视为作者对我们思维中常见误区点亮的"红灯"，也可以作为完善自己思维的行动指南。

此外，虽然我本人并不太主张初学者使用"系统基模"（archetype），因为初学者在使用"系统基模"时容易削足适履、生搬硬套，但"系统基模"作为对常见结构或者一些普遍存在的客观规律的总结，便于人们透过纷繁复杂的表象、快速把握问题的本质及其内在结构，对学习者还是有一定指导和参考价值的。

在第 5 章，作者基于自己对系统的深刻理解和丰富经验，总结出了 8 种常见的"系统基模"（作者称之为常见的陷阱和机会）：政策阻力、公地悲剧、目标侵蚀、竞争升级、富者越富、转嫁负担、规避规则和目标错位。我认为这些总结非常有见地、有价值，不可多得。

与系统共舞的行动指南和生存法则

这是本书另外一项重要的价值体现，即使对于那些已经可以熟练应用系统思考原理和方法的决策者来说，这也是一个需要常加温习、反复揣摩，以求心领神会、融会贯通的宝贵指南。

在第 6 章，作者论述了如何寻找系统中的"杠杆点"（即在系统中的某处施加一个小的变化，就能导致系统行为发生显著的转变），提供了 12 个可能的备选选项，而这正是我本人在应用系统思考方法分析和解决问题的过程中，经常遇到、曾苦苦思索的难题，相信也是众多系统思考学习者在实践中必不可少的指导准则。虽然作者谦称这一清单还不完善，还有很多可改进的空间，但这是我见过的最详细、最全面而深入的寻找"杠杆点"的实用指南。

在第 7 章，作者则进一步对如何更好地与系统共舞、顺势而为提出了 15 项指导原则，堪称系统世界中的生存法则。这些都是作者数十年"功力"的积淀，是应对复杂性挑战、驾驭动态系统的"内功心法"。虽然看起来很简单，但要真正做到，实属不易。即使对于我这样一个研究、应用系统思考十余年的系统思考学习者来说，也弥足珍贵。

我愿意把这本书放到案头、手边，经常对照研习、不断自省。

本书阅读指南

根据本书的结构和内容，我认为，无论是对于系统思考初学者，还是对于已有一定经验的进阶学习者，本书都是一本难得的学习参考资料。

如果你是系统思考初学者，还不了解系统的基本原理和方法，我建议你从第 1 章开始读，循序渐进，终会有成。同时，阅读之余，还可以根据作者的讲解和指导，拿起纸笔（或使用配套的系统动力学建模软件 iThink、Stella、Vensim 等），边学边练。因为系统思考是一种思维技能，只做到"知道"是远远不够的，动手练习才是知行合一的关键，而反复练习则是技能水平提升不可或缺的重要途径。

如果在阅读和练习的过程中感觉有难度，不妨暂时停下来，把之前读过的内容再温习一遍，或者找对系统思考更有心得的朋友交流一下。等有了一定心得之后，再开始新的学习旅程。当然，更为快捷有效的方式是参加一次"系统思考应用实务"的专业培训，1～3 天就可以快速入门。

如果你已经有了一定的系统思考训练和学习、应用心得，就可以略过第一部分，从第二部分（第 3 章或第 4 章）开始阅读。这样一方面可以联系自己的学习、应用心得以及遇到的实际问题，从书中找到一些解疑释惑的理论支撑；另一方面，也可以加深自己对系统内在运作机理和规律的认识，提升自己的系统思考能力。

如果你是系统思考的高手，本书对你来说也有价值。你可以从第 5 章或第三部分开始阅读。如上所述，我认为，第三部分一定是你需要反复揣摩、常加温习的"系统宝典"。

需要说明的是,由于作者长期从事环境、生态、社会和宏观经济与发展领域的研究与教学,她举的很多例子都是与此相关的,因此,本书特别适合从事社会事务管理的政府机关、事业单位公务员,以及环境、生态、社会、行业管理、经济发展等领域的从业人士阅读。当然,基于我自己多年企业经营与管理的实践经验和系统思考应用心得,我认为它对于企业家、管理者来说也是一本难能可贵的参考手册,不仅有利于企业家搞清楚企业的采购、库存、销售等运作系统,而且可以帮助企业家洞悉企业的成长引擎,找到睿智解决复杂性系统问题的"根本解"和"杠杆解"。

好了,希望大家就此开始提升自己系统思考和决策能力的学习之旅,以便更好地应对复杂性的挑战,与系统共舞!

前言

真正的系统思考可以跨越历史

即使你的工厂被拆除了,只要它的内在精神还在,你依然能很快重新建立起另一家。如果一场革命摧毁了旧政府,但新政府思想和行为的系统模式没有变化,它就仍然难逃再次被推翻的命运。很多人经常把系统挂在嘴边,却几乎没有多少人真正理解它。

——罗伯特·波西格《禅与摩托车维修艺术》

本书是我个人在系统思考建模与教学方面30多年的经验积累,也凝聚了几十位学者的研究智慧,他们中的绝大多数都曾在麻省理工学院系统动力学小组从事教学研究工作或深受该小组影响。这其中最重要的人是我的恩师、该小组的创始人杰伊·福里斯特教授。除了福里斯特教授之外,我的其他老师还包括埃德·罗伯茨(Ed Roberts)、杰克·皮尤（Jack Pugh）、丹尼斯·梅多斯、哈特穆特·博塞尔（Hartmut Bossel）、巴里·里士满（Barry Richmond）、彼得·圣吉（Peter Senge）、约翰·斯特曼以及彼得·艾伦（Peter Allen），他们中的一些人曾经是我的学生，后来则成了我的老师。总之，我在本书中运用的语言和呈现的一些观点、案例、引文、著作以及其他相关资料，都来自一个更大的智慧群体。在此，我对他们表示由衷的敬仰和感激。

我也受教于一些其他学科的思想家，包括格雷戈里·贝特森（Gregory Bateson）、肯尼思·博尔丁（Kenneth Boulding）、赫尔曼·戴利（Herman Daly）、爱因斯坦、加勒特·哈丁（Garrett Hardin）、瓦茨拉夫·哈维尔、刘易斯·芒福德（Lewis Mumford）、冈纳·默达尔（Gunnar Myrdal）、E. F. 舒马赫（E. F. Schumacher）等。据我所知，他们从来没有使用过计算机进行系统建模，但都是天生的系统思考者。此外，本书还包括一些公司高层管理者以及很多世界各地古代先贤的智慧。**虽然表现形式各异，但殊途同归，真正的系统思考从来都是超越学科和文化的，同时也可以跨越历史。**

讲到跨越，我还要感谢派系之争。虽然系统分析者共同使用着一些概括性的概念，但他们也是常人，也受人性的左右，这意味着他们也会形成不同的流派。事实上，系统思考领域已经形成很多不同的学派。在这里，我使用的是系统动力学的语言和符号，因为这是我所接受的教育。同时，我在本书中也只是呈现了系统理论的核心，而不是发展的前沿。此外，我也不会针对最抽象的理论展开分析，除非我认为这种分析有助于解决实际问题。等抽象的系统理论发展到可以解决实际问题的阶段，才有必要写另外一本书详加阐述，我相信会有那么一天。

因此，我想告诉大家，《系统之美》这本书和其他所有书一样，也存在偏见和不完整性。我在本书中阐述的内容可能只是系统思考领域的九牛一毛，如果你有兴趣继续探索，你会发现一个更加广阔的世界，而远不止本书所展现的这个小世界。我的目的之一是让你对系统思考感兴趣，而我的另一个目的，也是最重要的目的是，无论你在阅读本书前后是否接受正式的系统训练，都能具备基本的理解和应对复杂系统的能力。

THINKING
IN SYSTEMS

目 录

推 荐 序　　献给世界的复杂性，在复杂世界更好地活着
　　　　　　　　　　　　　　　　黛安娜·赖特（Diana Wright）
译者导读　　决策者的系统思考
前　　言　　真正的系统思考可以跨越历史

引　　言　　系统多棱镜，更好地应对系统的挑战　　001

第一部分　系统的结构和行为

第1章　系统之基础　　017
整体大于部分之和　　019
从关注要素到透视游戏规则　　021
理解系统行为的动态性　　027
反馈，系统是如何运作的　　036
调节回路，自动洄游的鱼　　039
增强回路，脱缰的野马　　043

第2章　系统大观园　　049
单存量系统，只能让我们做出影响未来行为的决策　052
双存量系统，强力提升我们的决策水平　080

第二部分　系统思考与我们

第3章　系统之美，系统的3大特征　　101
适应力，系统运作的基础　104
自组织，塑造与生成新结构　108
层次性，帮系统更好地完成工作　112

第4章　系统之奇，系统的6大障碍　　119
别被表象所迷惑　123
在非线性的世界里，不要用线性的思维模式　128
恰当地划定边界　133
看清各种限制因素　140
无所不在的延迟　144
有限理性　147

第5章　系统之危与机，系统的8大陷阱与对策　　155
政策阻力，治标不治本　158
公地悲剧　164
目标侵蚀　171

竞争升级	174
富者越富，竞争排斥	178
转嫁负担，成瘾	183
规避规则	190
目标错位	193

第三部分　改变系统

第6章　系统之杠杆点，系统的12大变革方式　201

12. 数字，关注各种常数和参数	206
11. 缓冲器，与流量相关的稳定存量	209
10. 存量—流量结构，实体系统及其交叉节点	210
9. 延迟，系统对变化做出反应的速度	211
8. 调节回路，试图修正外界影响的反馈力量	213
7. 增强回路，驱动收益增长的反馈力量	216
6. 信息流，谁能获得信息的结构	219
5. 系统规则，激励、惩罚和限制条件	220
4. 自组织，增加、变化或改进系统结构的力量	222
3. 目标，系统的目的或功能	225
2. 社会范式，生成系统——它的目的、结构、规则、延迟、参数的心智模式	227
1. 超越范式	229
进入谦卑的"空"	231

第7章　与系统共舞，系统的15大生存法则　　233

1. 跟上系统的节拍　　240
2. 把你的心智模式展现在阳光下　　242
3. 相信、尊重并分享信息　　243
4. 谨慎地使用语言，并用系统的概念去丰富语言　　245
5. 关注重要的，而不只是容易量化的　　247
6. 为反馈系统制定带有反馈功能的政策　　249
7. 追求整体利益　　250
8. 聆听系统的智慧　　251
9. 界定系统的职责　　252
10. 保持谦逊，做一名学习者　　253
11. 庆祝复杂性　　255
12. 扩展时间的范围　　256
13. 打破各种清规戒律　　257
14. 扩大关切的范围　　258
15. 不要降低"善"的标准　　259

附　录　**系统思考：理解、应用与对策**　　261
译者后记　　281

THINKING IN SYSTEMS

引 言

系统多棱镜，
更好地应对系统的挑战

管理者遇到的问题通常都不是彼此孤立的，而是相互影响、动态变化的，在由一系列复杂系统构成的动态情境之中更是如此。在这种情况下，管理者不能只是解决问题，而应善于管理混乱的局面。

———

拉塞尔·阿克夫（Russell Ackoff）
运筹学理论家

无处不在的系统

在早期教授系统课程时,我经常会拿出一个"机灵鬼"玩具,它由一根长长的、松松的弹簧制成,可以弹起来、落下去,或者在两只手之间倒过来倒过去;如果放在楼梯上,它就会自动地"拾级而下"。

我把"机灵鬼"放到手里,手掌向上,用另外一只手从上面抓住它,接着我把底下的手拿开。"机灵鬼"的下端垂了下去,又弹回来,在我的手下不停地上下伸展再复原。

"是什么原因让'机灵鬼'像这样上下弹跳?"我问学生。

"是你的手。你把手拿开了。"大家回答。

于是,我拿起装"机灵鬼"的那个盒子,托起它,用另外一只手从上面抓住它,然后用非常夸张的动作,移开底下的那只手。

什么也没有发生。盒子还是抓在我手里，一动不动。

"再想一想，是什么让'机灵鬼'这样上下弹跳的？"

答案显然是"机灵鬼"本身。当人们在按压弹簧或移开手时，弹簧自身的结构会使它做出相应的举动。

这是系统理论的一个核心观点。

一旦看清了结构和行为之间的关系，我们便能开始了解系统如何运作，为何会出现一些问题，以及我们如何让系统转向更好的行为模式。当今世界持续快速地变化发展，而且日益复杂，**系统思考将有助于我们发现问题的根本原因，看到多种可能性，从而让我们更好地管理、适应复杂性挑战，把握新的机会。**

那么，什么是系统呢？系统是一组相互关联的事物，例如人、细胞、分子等。在一定时间内，它们会产生各自特定的行为模式。系统可能受外力触发、驱动、冲击或限制，而系统对外力影响的反馈就是系统的特征。在真实的世界中，这些反馈往往是非常复杂的。

拿"机灵鬼"玩具的例子来讲，原理简单易懂。但如果系统是一个人、一家公司、一座城市或者一个经济体，就不那么简单了。在很大程度上，系统自身就能产生一系列相关的行为。在一个系统中，某个外部事件可能引发某些行为，而同一个事件之于另外一个系统的结果就可能迥然不同。

现在，想一想下列观点的含义：

- 经济的繁荣或衰退不是由某个政治领导人左右的——上下

波动是市场经济结构固有的一部分。
- 一家公司市场份额的丧失很少是由竞争对手造成的——虽然对手可能在逐渐积累竞争优势，但至少部分市场份额的丧失要归因于公司自身的业务政策。
- 石油出口国不是油价上涨的唯一罪魁祸首——如果石油进口国的经济不是建立在脆弱的石油供应上，其石油消费、定价和投资政策不那么容易受到石油供应的影响，石油出口国的行动就不会触发全球油价上涨，导致经济混乱。
- 流感病毒不会攻击你——相反，是你自己的身体状况正好适合流感病毒的生长。
- 吸毒成瘾不是因为吸毒者软弱，其实不管多么坚强或有多少人关爱，绝大部分人无法戒掉毒瘾，连很多成瘾者自己也不能——只有理解成瘾是更大的社会性问题的一部分，会受其他多个因素影响，人们才能开始应对这一问题。

这样的论述有些听上去令人心神不宁，而有些则纯粹是常识。我认为，它们源自人们两种截然不同的生活体验，一种是顺应系统，另外一种是与其对抗。大家对这两者都不陌生。

一方面，在教育中，我们被教导要去分析，要运用理性思考，要直接从原因推导结果，要把事物拆分成细小的、可理解的部分去看待，要通过行动和掌控周围的一切来解决问题。这种训练，正是许多社会和个人权力的源泉，引导我们将总统、竞争者、石油输出国组织、流感、毒品视作问题的原因。

但另一方面，在接受现代的理性分析教育之前，我们早已与各种各样的复杂系统打过交道，并且驾轻就熟。举例来说，人体自身就是一个典型的复杂系统——我们是由各种器官组成的一个整体，各种器官之间相互连接、协调运作。不只是我们自身，我们遇到的每个组织、每只动物、每个花园、每棵树、每片森林都是一个个复杂的系统。我们凭直觉建立起关于系统如何运作以及我们如何与它们和谐相处的认知，无须任何分析，也往往不需要语言的表述，这是非常自然的事情。

然而，现代系统理论经常和计算机、方程式等联系在一起，得出一大堆高深莫测的术语、行话。但是，正所谓"大道至简"，系统理论所想表达的一些真理，经常在某种程度上是人们所熟知的常识。因此，我们完全可以摒弃繁杂的系统术语，直接回归传统智慧。

重塑系统，发现更大的世界

由于复杂系统中存在反馈延迟，当问题变得显而易见时，它也可能变得难以解决。

——一针不补，十针难缝。

根据竞争排斥原理，如果一个增强回路[①]使比赛的获胜者占据了竞争优势，使他在未来的竞争中继续获胜，那结果将会变成几乎所有竞争者都被消灭。

——盖有者，将予之；无者，并其所有亦夺之。

---

① 原文为"reinforcing feedback loop"，亦可译为"不断强化的回路"。——译者注

(《圣经·马可福音》第 4 章第 25 节。)
——富者越富，贫者越贫。

在受到外力冲击或影响时，通路和冗余众多的多样化系统，往往比几乎没有差异的单一化系统表现得更加稳健。

——不要把所有鸡蛋都放到同一个篮子里。

工业革命以来，西方社会从科学、逻辑、还原论中受益良多，直觉和"整体论"的影响开始衰退。无论是出于心理上还是政治上的需要，我们都更倾向于认为，导致问题的原因是"在那儿（外部）"，而不是"在这儿（内在）"。这种"归罪于外"的思维习惯，几乎不可避免地让我们去责备或怪罪他人，推脱自己的责任，并迷恋于寻找能够摆脱或解决问题的"控制按钮"、"药丸"、产品或技术支持。

诚然，通过专注于外部因素，可以成功解决一些严重的问题，比如预防天花、增加农作物产量、大件货物运输等。但是，由于这些问题都是更大的系统中不可分割的一部分，我们的一些"解决方案"已经产生了明显的副作用，并使问题变得更严重。

与此同时，一些问题深深嵌入了复杂系统的内在结构之中，无法得到解决。例如饥荒、贫困、环境恶化、经济波动、失业、慢性病、药物成瘾以及战争等，尽管人们在消除这些问题方面做出了大量努力，不断改进分析方法，并取得了很多技术进步，也没有人故意制造这些问题、想让这些问题持续存在，但是它们依然存在。这是因为它们从本质上看都是系统性问题——系统内在结构令人厌恶的行为特征使得它们产生。**只有重新找回直觉，停止相互指责和抱怨，看清系统**

的结构，认识到系统自身恰恰是问题的根源，找到重塑系统结构的勇气和智慧，才能真正解决这些问题。

可能有人会说，这些道理浅显易懂，甚至是老生常谈，但从某种角度看，它们也是全新的，甚至是有些颠覆性的。这些道理可能让你感到很舒服，因为它们其实就存在于我们的认知之中；这些道理也可能让你感到不安，因为我们必须以不同的方式去观察、思考和行动。

本书讲的就是观察和思考世界的不同方式。有些人一看到"系统"二字，一提到系统分析领域，就会不由自主地有所顾虑，即使他们一辈子都在进行系统思考。我会尽量用"非技术化"的方式来论述，向读者展示即便不借助数学公式或计算机语言，你也能很好地理解系统。

在本书中，我使用了大量的图，因为在讨论系统问题时，只用文字会产生问题。谁也无法否认，字、词和句子必须以线性的方式，按照逻辑顺序，一个一个地蹦出来。而系统则是一个整体，它们同时发生和并存，彼此之间相互连接，不只是单向、线性的关系，而是同时存在于多个方向上的多种连接。从某种意义上讲，为了更好地讨论系统，我们有必要使用一种与系统特征有相似之处的语言。因此，图胜于文字，因为你一眼便可以看到整个图，包括它所有的构成部分以及它们是如何相互连接的。在本书中，我会从非常简单的图开始，逐步构建系统框架。我相信，读者朋友们会很容易理解这种图示化的语言。

我们首先从基本概念开始，包括系统的定义以及对其构成要素的解析（以一种还原论而非整体的方式）。接着，我会把这些要素放回原位，好让大家明白它们之间如何相互关联，这也是在勾画系统的基本运作单元：反馈回路。

然后，我会带领大家走进"系统大观园"——参观一些常见的、很有趣的系统。作为示范，我会选择其中几种系统详细解读，让大家看清楚它们是如何运作的，为什么会如此运作，以及我们能在哪里找到它们。事实上，你肯定能认出它们，它们就在我们身边，甚至就在你的体内！

以这些特殊的例子为基础，我会带领你讨论这些系统如何以及为什么能够如此优雅地运作，为什么它们经常让我们感到出乎意料、到处碰壁。我也会解释系统的一些"怪异"特征的成因：

- 为什么系统中的每个要素或事物都在顺从、理性地运作，而所有这些善意的行动加起来却经常得到很差的结果？
- 为什么事情发展变化的速度总是快于或慢于所有人的想象？
- 为什么过去一直奏效的一些做法，现在却突然失效了？
- 为什么系统会突然毫无征兆地呈现一种你从来没有见过的行为？

这些讨论将引领我们审视一些在系统思考领域，如企业、政府、经济和生态系统，生理学和心理学等，被反复提及的问题。例如，我们发现一些社区在共享水资源，或者几所学校在共享财务资源时，就会说："这是'公地悲剧'的又一个典型案例。"又如，当我们研究公司的业务规则和奖励政策对新技术开发的推动或阻碍时，会去辨认

"目标侵蚀[①]"。再如,当我们研究决策与组织的关系时,经常能发现"政策阻力[②]"现象,无论是一个家庭、社区,还是一个国家,都是如此。同时,我们也经常能发现"成瘾"的情况,不管引起成瘾的媒介是咖啡因、酒精、尼古丁,还是麻醉剂。

系统思考研究者有时将这些常见的、会引发特定行为的系统结构称为"系统基模"。而我在准备撰写本书时,将其称为"系统的陷阱",后来我又加上"对策"二字,称其为"系统的陷阱与对策",因为这些基本模型既是一些顽固、棘手和潜在危害性极大的问题的根源,也是实现有效行为改变的"杠杆点"。**只要懂得系统原理,就可以在恰当的地方施加干预措施,从而获得期望的转变。**

了解这一点之后,我将和你一起探讨如何改变我们生活中的一些系统结构,进而学习如何找到启动变革的杠杆点。

最后,我将总结一些宝贵经验,这些都是我认识的大多数系统思考专家分享的智慧。对于希望继续探索系统思考的朋友,我在本书附录中提供了一些深入学习的资源和指南,包括系统术语、系统原理概要、常见的系统陷阱与对策,以及本书第一部分所涉及的系统思考模型公式。

---

① 原文为"drift to low performance",本意是绩效表现节节下滑,日渐恶化,如同走下坡路,越来越差。因为在《第五项修炼》等书中普遍采用"目标侵蚀"译法,为避免读者产生困惑,这里也译为"目标侵蚀"。——译者注

② 原文为"policy resistance",直译为对政策的阻力、抵抗或反弹,本书译为"政策阻力",意味着系统自身结构具有内在的惯性,对外界施加的变革力量产生一定的阻力或对抗。这与我们常说的"上有政策,下有对策"或医学上的"耐药性"有相似之处。——译者注

找到属于你的系统之美

多年之前，在我们的系统思考研究小组从麻省理工学院搬到达特茅斯学院后，达特茅斯学院的一位工程系教授观摩了我们举办的一次研讨会。观摩了一会儿后，他拜访了我们的办公室。他说："你们这些人十分与众不同，你们问不同的问题，看得见我看不见的事物。总之，你们以不同的方式看待这个世界。怎么才能做到这一点？为什么这样做呢？"

这也是我希望在本书中讲清楚的问题，尤其是最后的推论。我并不认为系统思考的观察方式比还原主义的观察方式更优秀，我认为二者是互补的，相互具有借鉴意义。就像有时候，你可以通过你的眼睛去观察某些事物，而有时又必须通过显微镜或者望远镜去观察另外一些事物。**系统理论就是人类观察世界的一个透镜。**通过不同的透镜，我们能看到不同的景象，它们都真真切切地存在于那里，而每一种观察方式都丰富了我们对这个世界的认知，使我们的认识更加全面。**尤其是当我们面临混乱不堪、纷繁复杂、关系紧密且快速变化的局面时，观察的方式越多，效果就越好。**

通过系统思考的多棱镜，我们可以重新找回对整个系统的直觉，并且训练自己理解系统各个构成部分的能力，以看清系统各个构成要素之间的关系，分析未来可能的行为趋势，并以更具创造性的方式重新设计系统，更有勇气地去面对系统性的挑战。这样，我们就能充分发挥我们的洞察力，去打造一个完全不同的自我和一个崭新的世界。

系统寓言
THINKING IN SYSTEMS

盲人摸象

在古尔城（Ghor）旁边，有一座城市，城里的居民都是盲人。一位国王及其随从经过这里，在沙漠安营扎寨。据说，国王骑着一头威猛的大象，以震慑民众。

所有人都期盼着能够看一看这头大象，就连一些盲人城里的盲人也随着疯狂的人流涌向国王的营地。

可他们甚至不知道大象长什么样，只能在黑暗中摸索，通过触摸大象身体的某个部位来收集信息。

每一个盲人都认为自己是对的，因为他们都对大象的某一部分有着真切的感觉……

- 摸到大象耳朵的盲人说："大象是一个很大、很粗糙的东西，宽阔而平坦，就像一块厚地毯。"
- 摸到大象鼻子的盲人说："你说的不对，我说的才是对的。它就像一个直直的、中空的管子，很可怕，很有破坏性。"
- 还有一个盲人摸到了大象的腿和脚，他说："大象是强壮有力的，很结实，就像一根粗柱子。"

每一个盲人都真切地感知到了大象身体的一个部

分,但他们的理解都是片面的。

　　这是一则古老的寓言故事,它告诉我们一个简单却经常被忽略的真理:不能只通过了解系统的各个构成部分来认识系统整体的行为。

THINKING IN SYSTEMS

第一部分

系统的结构和行为

THINKING IN SYSTEMS

第 1 章

系统之基础

无论一个问题多么复杂，只要我们能以正确的方法去看待，它都会变得简单起来。

———————

波尔·安德森（Poul Anderson）
美国科幻作家

整体大于部分之和

系统并不仅仅是一些事物的简单集合，而是一个由一组相互关联的要素有序构成的、能够实现某个目标的整体。仔细审视这一定义可见，**任何一个系统都包括三种构成要件：要素、关联、功能或目标。**

例如，你的消化系统包括牙齿、酶、胃、肠等要素，它们通过食物在体内的流动和一系列巧妙的起调节作用的化学信号产生关联，消化系统的功能是将食物转化为人体所需的基本营养成分，并将这些营养成分输送到血流中（另一个系统），同时通过新陈代谢，排出各种废物。

再如，一支足球队就是一个系统，它的要素包括球员、教练、场地和足球等，它们之间通过游戏规则、教练指导、球员之间的交流以及影响球及球员移动的物理法则等连接起来，而球队的目标是赢球、娱乐、锻炼或赚钱等。

同样，一所学校、一座城市、一家工厂、一个公司以及一个国家的经济等，都是系统。动物是一个系统，树也是一个系统，而森林则是一个更大的系统，包含树木和动物这些子系统。地球是一个系统，太阳系、银河系都是系统。

因此，一个系统中可能包含很多子系统，而它也可以嵌入其他更大的系统之中，成为那个更大系统中的一个子系统。

那么，有什么事物不是一个系统吗？有，没有任何内在关联或功能的随机组合体就不是一个系统。举例来说，随机散落在路上的一堆沙子，就其本身来说就不是一个系统。你可以任意添加或取走一些沙子，它们仍旧只是路上的一堆沙子。但是，如果你随意引进或开除了某一个球员，或者如果你调整了消化系统中的某些器官，那么它们很快就不是原来的那个系统了。当一个生物死去，使其成为一个有机系统的多种关联不再产生作用时，它就丧失了作为一个系统的存在状态，尽管它的物质残余仍是一个更大的食物链系统的组成部分。有人说，一座人们彼此熟识、经常交流的老城，就是一个社会系统，而一个挤满陌生人的新街区，就不是一个社会系统，直到这些人之间产生一些新的关系，一个系统才会形成。

> 对于一个系统来说，整体大于部分之和。任何一个系统都包括三种构成要件：要素、关联、功能或目标。它具有适应性、动态性、目的性，并可以自我维护与演进。
>
> **系统之思**
> THINKING IN SYSTEMS

可见，**系统既有外在的整体性，也有一套内在的机制来保持其整体性**。系统会产生各种变化，不断适应，对各种事件做出反应，寻找目标，修补损伤，然后生机勃勃地生存下去，尽管很多系统本身可能是由各种无生命的要素构成的。系统可以自我组织，对于至少部分程度的破坏，具备自我修复的能力；它们具有很强的适应性，很多系统还可以自我演变，从一个系统中生成另外一些全新的、超乎想象的系统。

从关注要素到透视游戏规则

因为"一加一等于二",所以你自认为只要知道"一",就能知道"二",但是你忘了,你还必须理解两个"一"之间的关系。

苏非派教义故事

构成系统的要素是比较容易被注意到的,因为它们多数是可见的、有形的事物。例如,树是由树根、树干、树枝、树叶这些要素构成的。如果更仔细地观察,你会发现其中有一些更小、更具体的单元,如供液体上下流动的叶脉以及叶绿体等。一所大学也是一个系统,它由建筑物、学生、教师、管理人员、图书馆、图书、计算机等构成。诸如此类,不胜枚举。

当然,**要素并不一定是有形的事物,一些无形的事物也可以是系统的要素**。比如在一所大学中,学校的声誉和学术能力就是该系统至关重要的两大无形要素。事实上,一旦开始罗列一个系统中的所有要素,你就会发现那几乎是一项不可能完成的任务。你可以把一些大的要素分解为若干子要素,并进而细分为子子要素,但很快,你就会迷失在系统中,正如人们所说的"见树不见林"。

为避免深陷其中,你应该从细究要素转向探寻系统内在的关联,即研究那些把要素整合在一起的关系。

在树木系统中,内在的关联是那些影响树木新陈代谢过程的物质流动和化学反应,也就是让系统中的某一部分对另外一些部分的状况做出反应的各种信号。

例如，晴天时，当树叶散失水分，负责输送水分的叶脉中压力就会减小，从而使得树根可以汲取更多水分；相反，如果树根察觉到土壤变得干燥、水分减少，叶脉中压力减小的信号就会让树叶关闭毛孔，以避免流失更多水分。

在温带，随着白昼逐渐缩短，落叶树木会释放出一些化学信号，使树叶中的养分向树干和树根传输，从而导致叶茎枯萎、树叶脱落。甚至当某个部分遭到害虫攻击时，树木也能发出一些信号，让自身产生驱虫的化学物质或形成更加坚固的细胞壁。

> 请思考如何才能知道你观察的是一个系统，而不是一堆物品的集合。
>
> 1. 你能够识别出各个部分吗？
> 2. 这些部分会相互影响吗？
> 3. 这些部分单独作用时产生的影响和它们整合在一起时产生的影响会有所不同吗？
> 4. 这些影响和长期的行为在各种环境下都是固定不变的吗？
>
> **系统之思**
> THINKING IN SYSTEMS

人们对此缺乏了解也不足为奇，因为研究系统的要素要比研究其内在的关联更简单。

在一个大学系统中，内在关联包括入学标准、学位要求、考试和分数、预算和现金流、人们的闲谈等。当然，最重要的是知识的交流，这或许才是整个系统的根本目的。

系统中的某些关联是实实在在的物质流，例如树干中的水分，或者学生在大学中的改变。还有很多关联是信息流，也就是系统中影响决策和行动的各种信号。这类关联通常很难被发现，但只要你用心，就会看到它们。例如，学生可能会通过一些非正式的信息渠道，去了解每门课获得高分的概率，从而决定选修哪些课；消费者可能会参考其收入、存款、信用等级、家中的存货量、商品价格和数量等信息，来做出是否购买的决定；政府在出台合理的治污法规之前，也需参考水污染的种类和数量等信息（当然，了解某个问题存在的相关信息是触发行动的必要条件，但不是充分条件——我们还需要了解资源、动机和结果等信息）。

> 系统中很多关联的运作是通过信息流进行的。信息使系统整合在一起，并对系统的运作方式产生重要影响。
>
> **系统之思**
> THINKING IN SYSTEMS

如果说基于信息的关联都很难被发现的话，那么与系统的功能或目标有关的关联就更难被察觉了。只有通过分析系统的运作，我们才有可能明确地表述出系统的功能或目标。**要想推断系统的目标，最好的方法就是仔细观察一段时间，看看系统有哪些行为。**

如果一只青蛙向右转捉住了一只苍蝇，然后向左转又捉住了另一只苍蝇，接着又向后转捉住了第三只苍蝇，那么我们就可以判断出青蛙的目的并非向左、向右或向后转身，而是捕捉苍蝇。如果一个政府宣称要保护环境，却只为此拨付很少量的资金，投入很少的精力，那么我们就可以判断出政府的实际目的并非保护环境。**因此，必须通过实际行为来推断系统的目标，而不能只看表面的言辞或其标榜的目标。**

温控系统的功能是让建筑物内的温度保持在一个特定的水平，植物的一项功能是结出果实、繁育更多植物，国家经济的一个目标是保持增长。**几乎每一个系统都有一个重要的目标，那就是确保自我永存。**

系统的目标不一定符合人们的初衷，或系统中某个个体的意愿。事实上，系统中各个子要素的目标最后呈现出来的结果很有可能事与愿违，谁都不愿意看到。这是系统最令人沮丧的一个方面。就像我们现在的社会，吸毒和犯罪日益猖獗，但是没有人主观上想要这样。以下是我们所处的社会系统中一些角色的意愿，以及由此导致的行为：

> **系统之思**
> THINKING IN SYSTEMS
>
> 总的来说，"功能"一词常用于非人类系统，而"目标"一词则用于人类系统。但它们之间的区分并不是绝对的，因为很多系统兼具人类和非人类要素。

- 绝望的人想要尽快摆脱心灵上的伤痛。
- 农民、商人和银行家都想要赚钱。
- 毒贩不愿受法律约束，但是又害怕警察的打击。
- 政府颁布禁毒法令，并借助警力维护法律，打击毒品贩卖。
- 富人居住在离穷人很近的地方。
- 不吸毒的人更关心如何保护自己，而非鼓励瘾君子戒除毒瘾。

这些要素组合成为一个系统，就造成了吸毒和犯罪很难被根除的恶果。**由于系统中嵌套着系统，所以目标中还会有其他目标。**

例如，一所大学的目标是创造和保护知识，并将知识代代相传，那么在其中，学生的目标就可能是取得好的分数，教授的目标或许是取得终身教职，而管理人员的目标是平衡预算。这些个体的目标有可能与总目标冲突：学生为了获得好的分数可能在考试中作弊，教授可能会忽视教学而一心只顾着发表论文，管理者可能会解雇优秀的教授以实现预算平衡。

一个成功的系统，应该能够实现个体目标和系统总目标的协调一致。 后面讨论系统的层级时，我们再来深入探讨这一问题。

如果系统中的个体是一个接一个地发生变化，那么，我们就能够识别出系统中有哪些要素、它们之间的内在关联、系统的目标以及各种要素的相对重要性。一般来说，改变要素对系统的影响是最小的。即使更换了一支足球队中的所有队员，它仍是一支球队（当然，有可能表现得更好或者更糟——系统中的某些特定要素的确十分重要）；一棵树的细胞在不断更替，树叶年年都在变化，但它仍是同一棵树；你的身体每隔几周就会更换掉大部分细胞，但那仍是你的身体；大学中的学生每年都在不断流动，教授和管理人员也会缓慢变化，但它仍是一所大学，确切来说，它还是同样一所大学，和其他大学只有细微差别，正如通用汽车公司和美国国会即使更换了所有成员也依然如故。**总之，只要不触动系统的内在关联和总目标，即使替换所有要素，系统也会保持不变，或者只是发生缓慢的变化。**

相反，如果内在关联改变了，系统就会发生巨大的变化。拿球队来说，如果球员之间的关系有所改变，即使还是那些球员，整个球队也可能会变得令人耳目一新；如果把足球比赛的规则变成篮球比赛的规则，我们肯定会看到一种全新的比赛；如果我们改变了树木中的内在关联（例如，不再让它吸入二氧化碳、呼出氧气，而是相反），那它就不再是树了（它会变成动物）；如果在一所大学中，不是让教授给学生打分，而是让学生给教授打分，或者在争论时不是以理服人而是以暴取胜，那么我们就不能称其为大学了，那或许是个有趣的组织，但绝不是大学。**总之，改变系统中的内在关联，会让系统发生显著变化。**

同样，功能或目标的改变也会对系统产生重大影响。如果仍旧保留那些球员和规则，但改变比赛的目标——看谁输而不是看谁赢，那会发生什么？如果树木的生存目标不是为了繁衍后代，而是为了获取土壤中的所有营养成分，长到无限大呢？如果大学的目标不仅是传播知识，还要实现赚钱、教导民众、赢取球赛等目的，情况会怎么样？**显然，目标的变化会极大地改变一个系统，即使其中的要素和内在关联都保持不变。**

> 系统中最不明显的部分是它的功能或目标，而这常常是系统行为最关键的决定因素。
>
> **系统之思**
> THINKING IN SYSTEMS

有人可能会问：要素、内在关联和目标，哪个对系统来说是最重要的呢？以系统的观点来看，这个问题本身就是个伪命题。

对一个系统来说，要素、内在关联和目标，这些都是必不可少的，它们之间相互联系，各司其职。一般来说，系统中最不明显的部分，即功能或目标，才是系统行为最关键的决定因素；内在关联也至关重要，因为改变了要素之间的关联，通常也会改变系统的行为；尽管要素是我们最容易注意到的系统组成部分，但它在决定系统的特征方面通常是最不重要的，除非某个要素的改变也能导致关联或目标的改变。

例如，更换国家最高领导人，苏联领导人由勃列日涅夫换成戈尔巴乔夫，或者美国总统由卡特换成里根。这种情况下，虽然这个国家的土地、工厂和亿万民众保持不变，但仍有可能把整个国家引向全新的方向，因为新的领导人可以为土地、工厂和民众制定新的规则，或改变国家系统的目标。不过，反过来想，因为土地、工厂和民众是国家系统中长期存在的物质要素，变化相对缓慢，所以任何一个领导人对整个国家目标方向的改造程度都是有限的。

理解系统行为的动态性

> 大自然中蕴藏的信息使我们能重现一部分历史。河流改道、地壳运动……所有这些世界变迁的真实痕迹，都像是遗传系统中的信息存储器——随着存储信息的不断增加，系统的结构也会日益复杂。
>
> **拉蒙·马格列夫（Ramon Margalef）**
> *西班牙生态学家*

"存量"是所有系统的基础。**所谓存量，是指在任何时刻都能观察、感知、计数或测量的系统要素。**如其名称所示，在系统中，存量是储存量、数量、物质或信息在一段时间内的积累量。它有可能是浴缸中的水、人口数量、书店中的书、森林可供的木材量、银行里的钱等。但是，存量不一定是物质的，你的自信、你对他人保留的善意，或者对世界的美好希冀等，都可以是存量。

> 存量是对系统中不断变化的流量的一种历史记录。

存量会随着时间的变化而不断改变，使其发生变化的就是"流量"。**所谓流量，指的是一段时间内改变的状况。**例如浴缸中注入或流出的水量、出生或死亡的人数、买入或卖出的数量、成长或衰退、存入或取出、成功或失败等（见图1-1）。如此一来，存量就是对系统中不断变化的流量的当下状态的记录。

图1-1 存量—流量图

在本书中，存量用方框来表示，流量则用流入或流出存量的、带箭头的水管来表示。在每个流量上标有一个T型图案，代表"水龙头"，表示流量可以被调高或调低、打开或关闭；在流量的前端或后端，有时会画一个"云朵"图案，表示该流量从哪里来、到哪里去。虽然我们可以进一步明确这些来源和去处，但这与我们当前分析的目的无关，因此暂时忽略不提。

例如，地下的矿藏是一个存量，随着该矿藏被人们发现和开采，会产生一个矿藏开采的流量。由于矿藏的形成（流入量）需要数百万年间各种复杂地质变化的综合作用，短期内的流入量极小，因此这里用一个简化的存量—流量图进行描述（见图1-2，图中没有画出流入量）。

图1-2 矿藏储量慢慢被开采、消耗

大坝后面水库中的水也是一个存量，流入量有雨水和河水，流出量包括水的蒸发和堤坝放水（见图1-3）。

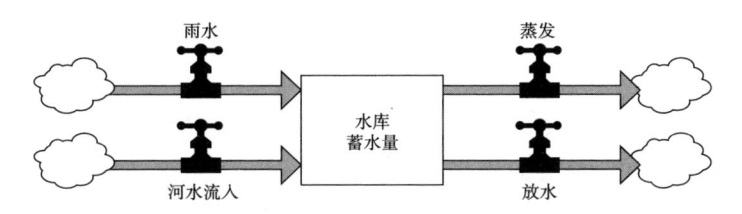

图 1-3　水库中的存量和各种流入、流出量

一片森林中所有木材的蓄积量也是一个存量，流入量是树木的生长，流出量包括树木的自然死亡和伐木工的砍伐。被砍伐的木材累积起来，会形成另外一个存量，即伐木工厂里木材的存货量，而当木材出售给客户时，就会产生一个流出量，减少库存（见图 1-4）。

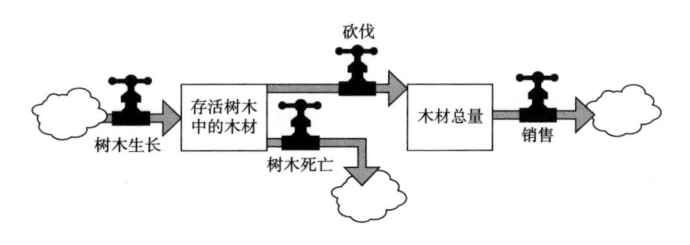

图 1-4　一片森林中木材的存量和各种流量

如果你能够理解各种存量和流量的动态特征，也就是它们随时间流逝而产生的各种行为变化，你就能很好地理解复杂系统的行为。如果你有使用浴缸的经验，你就能理解存量和流量的动态特征（见图 1-5）。

图 1-5　浴缸系统的结构——水的存量有流入量和流出量

系统思考者经常会使用系统行为图来辅助理解系统行为随时间变化的趋势,而不只是关注个别事件。借助行为模式图,我们可以判断系统是否正在趋向某个目标或极限点,也可以了解其变化的速度。

图中的变量可以是存量,也可以是流量。在阅读这类图时,要重点关注其变化模式,即表述变量数值变化的线条的形状和方向,也要注意线条的形状或方向在哪些点出现变化,具体的数字相对来说并不重要。

横轴是时间轴,有助于你探究前因后果,促使你关注所研究问题的时间范围。

想象一个浴缸盛满水,其排水口被塞住,自来水管也关着,这时便形成了一个毫无变化、没有活力、乏味的系统。现在,想象我们拔掉塞子,水当然就会流出去,浴缸中的水位会不断下降,直至水完全流尽(见图1-6)。

现在,让我们再想一想那个盛满水的浴缸。我们再次拔出塞子,但这次,浴缸还剩下一半水量时,我们拧开水龙头,并使流入浴缸的水与流出的水保持同等速率。这时会发生什么呢?尽管水在不断流进流出,但是浴缸里的水位将保持不变,即处于一种动态平衡的状态。(见图1-7)

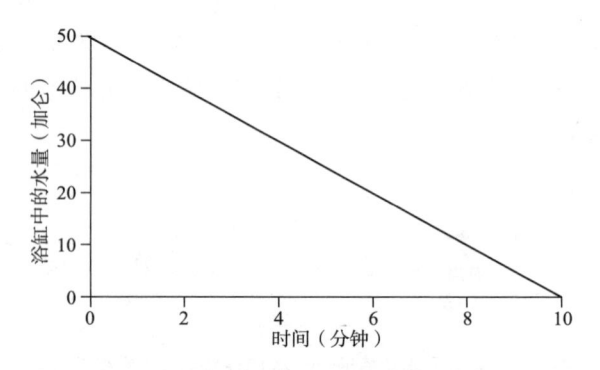

图1-6 拔掉塞子后,浴缸中水位的变化情况

图 1-7　水位处于动态平衡

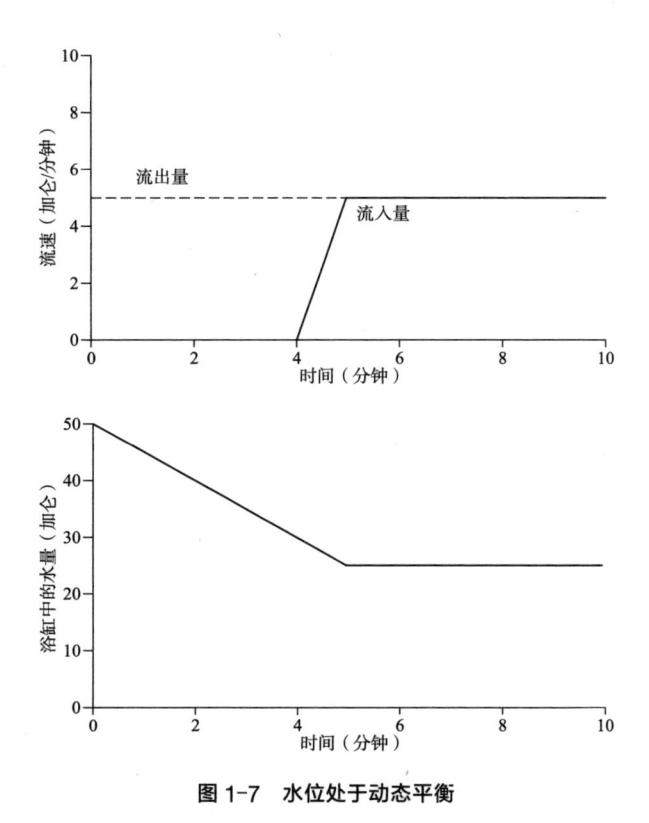

注：水持续流出，5 分钟后水开始流入时的情况，以及浴缸中水量变化的结果。

假如我们把水龙头开得再大一些，让水流入的速度稍大于流出的速度，那么浴缸中的水位将会缓慢上升。接着，我们再把水龙头调小，使水的流入和流出速度保持一致，那么浴缸中的水位又会停止上升。相反，拧小水龙头，水位则会缓慢下降。

上述浴缸就是一个非常简单的系统，只有一个存量、一个流入量和一个流出量。由于在考察的时间范围内（数分钟内），浴缸中水的蒸发量微乎其微，所以我没将这部分流出量计算在内。**所有模型，无**

论是心智模型还是数学模型，都是对现实世界的简化。我们可以了解浴缸系统所有可能的动态变化。由此，可以推断出几项重要的原则，它们同样适用于其他更为复杂的系统：

- 只要所有流入量的总和超过流出量的总和，存量的水平就会上升。
- 只要所有流出量的总和超过流入量的总和，存量的水平就会下降。
- 如果所有流出量的总和与流入量的总和相等，存量的水平将保持不变；事实上，只要流入量和流出量相同，系统就处于动态平衡状态，保持当下的水平不变。

人类的大脑似乎更加容易关注存量，而不是流量。此外，当我们关注流量时，我们更倾向于关注流入量，而不是流出量。因此，我们有时会忽视这样一个事实：要灌满浴缸，不能只提高流入速率，还需要降低流出速率。每个人都能认识到，要想维系依赖石油的经济体系，可以通过加大勘探力度，不断发现新油田；但是，同样的结果也可以通过减少石油消耗来实现，认识到这一点并不容易。如果能在能源使用效率方面实现突破，这和发现一个新油田对可用石油储量的影响是一样的。当然，从中获利的人是不同的。

> 要想增加存量，既可以通过提高流入速率来实现，也可以通过降低流出速率来实现。请注意，灌满一个浴缸，不是只有一种方式。
>
> **系统之思**
> THINKING IN SYSTEMS

与此类似，扩大公司规模可以通过招聘更多的人来实现，也可以通过降低职工的离职率或辞退速度。这两种策略的成本可能差异很大。增加一个国家的财富可以通过投资、建立更多的工厂和增加机器设备来实现，也可以通过减少工厂和机器设备的磨损、故障或停工。一般来说，后者可能成本更低。

你可以突然调整浴缸的流量——完全打开排水管或关上水龙头阀门，但快速地改变存量（水位）要困难得多。即使你把排水管完全打开，浴缸里的水也不可能一下子排空；同样，即使你把水龙头开到最大，浴缸也不可能马上被灌满。**存量的变化需要时间，因为改变它的流量需要时间。这是一个关键点，是理解各种系统行为的一把钥匙。**存量的变化一般比较缓慢，它们可能表现为延迟、欠货、缓存、压舱物以及系统中动量的源泉等。存量，尤其是比较大的存量，在应对变化时，只能通过逐步的增加或释放来实现，即使对于突然的变化也是如此。

人们经常低估存量的内在动量：

> 例如，人口的增长或停止增长、森林中木材的蓄积、水库蓄水、矿藏的耗尽等都需要花很长时间。国家的富足，大量工厂和基础设施的建设，如高速公路、发电厂等，都不可能在一朝一夕完成，即使有大把大把的钞票也不可能。一旦一个依赖石油的经济体被建立起来，大量的熔炉、汽车发动机每天都需要燃烧石油，即使石油价格暴涨，它们也不可能迅速改变，去消耗另外一种能源。破坏地球臭氧层的污染物是经数十年累积形成的，而要想清除这些污染物，也需要花费数代人的心血和智慧。

因此，可以说，存量的改变设定了系统动态变化的速度。工业化的进展速度不可能超过工厂建成和机器设备造好的速度，也不可能超过培养出经营这些工厂、操控这些机器设备的合格劳动者的速度。森林不可能一夜之间长成。一旦污染物在地下水中沉积，就只能随着地下水更新的速度慢慢消除，而这可能需要数十年甚至数百年。

> **系统之思**
>
> 存量的变化一般比较缓慢，即使在流入量或流出量突然改变的情况下，也是如此。因此，存量在系统中起到延迟、缓存或减震的作用。

在系统中，由于存量变化缓慢而产生的时间滞后可能会导致一些问题，与此同时，它们也是系统稳定性的根源所在。土壤是经过数个世纪沉积形成的，它们不可能瞬间被冲刷、侵蚀殆尽；人类社会数千年积淀下来、世代相传的知识和技能，也不可能转眼间就被遗忘；虽然人们抽取地下水的速度远快于其补充速度，但在相当长的时间里，即使含水层一直缓慢下降，也不至于沦落到无以为继的地步。因此，存量变化缓慢所产生的时间滞后，让人们有了一定的余地去调整、去尝试，去修订那些不奏效的政策。

如果你对存量的变化速度有正确的认知，就不会"拔苗助长"，期待事物变化的速度超出其特定规律。同时，你也不会过早地放弃，而是可以更好地把握系统的力量所提供的机会，"顺势而为"，就像一个柔道高手善于利用对手的力量实现自己的目标那样。

对于存量在系统中所起的作用，还有一个更为重要的原则：**由于存量的存在，流入量和流出量可以相互独立，并在短期内不必保持平衡。**这一原则将直接引导我们了解反馈这一概念。

如果没有这一原则，很多事情将难以想象。比如，要让炼油厂生产汽油的速度与汽车燃烧石油的速度完全一致，几乎是不可能的事；要让木材砍伐的速度精确地等于树木生长的速度，也是不现实的。储存在油罐中的汽油、森林中的木材储量，这些都属于存量。正是由于这些存量的存在，即使短期内某些流量的波动很大，人们的生活仍然可以保持一定的确定性、连续性和可预测性。

> 存量允许流入量和流出量彼此分离，相互独立，暂时失衡。
>
> **系统之思**
> THINKING IN SYSTEMS

人类发明了成千上万种存量维持机制，以确保流入量和流出量相互独立和稳定。

为了使下游居民的生活和工作更稳定，使他们不必担心江河来水的波动性所导致的旱涝不均，人们在河流上游兴建了水库；为了让你花钱的速度不必完全等于赚钱的速度，人们建立了银行；为了让生产能够顺畅地进行，不必受最终用户需求波动性的影响，人们建立了供应链体系，并在其各个环节（从生产商、分销商、批发商到零售商）都保留一定的库存量，这同时也可以让消费者在想要购买某种产品时能够及时买到，不必完全受工厂短期内生产波动的影响。

大多数个人和组织的决策也以调节存量水平为目的：如果库存过高，就会降低价格，或者增加广告或促销方面的预算，以增加销量，削减库存。

如果家中厨房里的食物不多了，你就会去商店采购。如果地里种植的作物产量增加或减少了，农民就会决定是否要浇水或杀虫，谷物公司就会考虑要预定多少运载船来运输这些粮食，投机商就会预测未来的粮价走势，考虑买入或卖出，养殖户就会多养或少养一些牲畜。水库的水位变化也会引发一连串修补措施，避免水位过高或过低。同样，你钱包中的钱、石油公司的石油库存量、造纸厂的原料储量以及湖中污染物的含量等，这些存量的过多或过少，都会引发各种各样的行动反馈。

人们不断监控存量的变化，制定决策并采取相应行动，以增加或降低存量水平，使其保持在可接受的范围内。这些决策累加起来，给各种系统带来不同程度的起伏、涨落，也造成了各种问题的出现或解决。系统思考者将这个世界视为各种存量的组合，围绕这些存量，存在着各种不同的存量调节机制，其手段表现为控制流量。

这意味着，**系统思考者将世界视为各种"反馈过程"的集合。**

反馈，系统是如何运作的

信息—反馈控制系统是所有生物和人类行为的基础，从缓慢的生物进化到最先进的卫星发射皆是如此……我们所做的任何一件事，无论是个人，还是某个行业或社会，都离不开信息—反馈控制系统。

杰伊·福里斯特

如果存量飞速增长、急剧下降，或被维持在某个特定的范围内，不管周围情况如何变化，这个系统中都很可能存在一种正在发挥作用的控制机制。换言之，如果你看到某一种行为持续了一段时间，就很可能存在导致这种行为产生的作用机制。这种作用机制通过反馈回路运作，长期保持一致的行为模式是反馈回路存在的首要线索。

当某一个存量的变化影响到这一存量的流入量或流出量时，反馈回路就形成了。 反馈回路可能非常简单而直接。想象一个计息银行存款账户，根据银行的规定，这个账户每年会获得一定比率的利息，而账户中的余额（存量）会影响到利息的多少。按照这种算法，银行每年向账户支付的利息并不是一个固定的数值，而会随着上一年账户余额的增减而变动。

> 一个反馈回路就是一条闭合的因果关系链。它从一个存量出发，根据存量当时的水平，受一系列决策、规则、物理法则或者行动影响，又通过流量反过来改变存量。
>
> **系统之思**
> THINKING IN SYSTEMS

当你每个月检查自己的活期存款账户对账单时，你也会发现另外一类相当直接的反馈回路。随着你的活期存款账户中可用现金（存量）的减少，你可能会因为压力而去做更多的工作、赚更多的钱。这些钱作为流量进入你的银行账户，提高可用现金存量的水平，你可以通过调节流入量以达到让你满意的程度。如果账户中可用现金很多，你可能愿意放松一下，不用再那么努力地工作，这样赚的钱（流入量）就减少了。这一类反馈回路能使你的可用现金水平（存量）保持在一个使自己满意的范围内。当然，赚钱并不是唯一作用于现金存量的反馈回路，你还可以调节自己的消费支出（流出量）。显而易见，这是另外一个调节现金存量的反馈回路。

反馈回路可能导致存量水平维持在某一个范围内,也可能使存量增长或减少。**在任何一种情况之下,只要存量本身的规模发生改变,与之相关的流入量或流出量也会随之而变。**不管是谁或怎样监控存量的水平,一旦水平有变化,系统就会启动一个修正过程,调节流入量或流出量的速度(也有可能同时调整二者),从而改变存量的水平。这又会产生一系列反馈信号,并再次启动一些控制行动(见图1-8)。

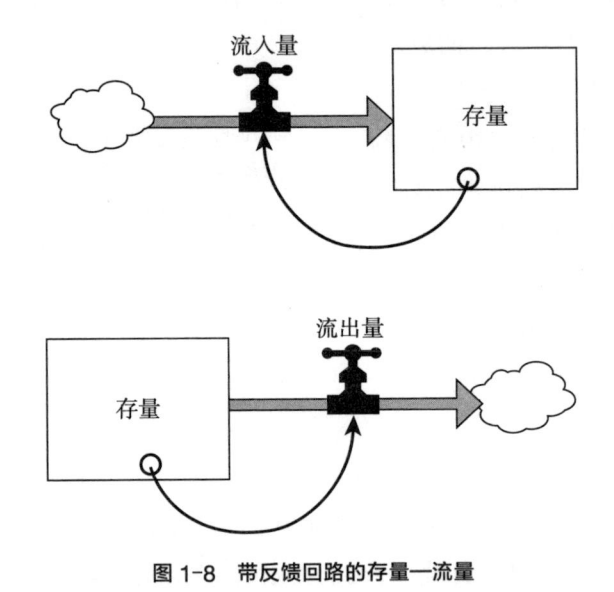

图1-8 带反馈回路的存量—流量

注:每一个图都清晰地标注出了存量、改变存量的流量,以及指出行动方向的信息连接(以一个带箭头的细曲线来表示)。它强调的是,行动或改变通常是通过调整流量的方式进行的。

不是所有系统都有反馈回路。一些系统是相对简单、由若干存量和流量构成、两端开放的链条,它们可能会受到外部因素的影响,但是链条上存量的水平并不影响其流量。然而，更为常见的是包含反馈回路的系统，它们通常也更为简练且令人惊奇。我们稍后就会见识到。

调节回路，自动洄游的鱼

有一种常见的反馈回路，其作用是使存量的水平保持稳定，就像我们在前面提到的活期存款账户的例子一样。存量的水平可能并不能保持在某一个固定的数值上，但的确会保持在一个可接受的范围之内。接下来，我会列举一些为大家所熟知的例子，它们可以让我们更为深入地了解反馈回路中的一些步骤。

如果你习惯喝咖啡，在感觉有些倦怠时，你可能会煮上一杯浓浓的黑咖啡，让自己重新振作起来。作为喝咖啡的人，你的头脑中有一个期望的精神状态，当察觉到实际精神状态与期望状态之间存在差异时，你会通过喝咖啡这一系统，摄入咖啡中的咖啡因，从而调整自身能量的新陈代谢，使自己的实际精神状态（存量）接近或达到期望的水平。当然，你喝咖啡可能还有其他目的，比如喜欢咖啡的味道或是将其作为一项社交活动等，在此不展开讨论。

请大家注意图 1-9 中的标签，和本书中其他所有图中的标签一样，它们都是无方向性的。比如标签上写的是"身体内储存的能量"，而不是"能量水平低"；是"咖啡摄入量"，而不是"喝更多的咖啡"。这是因为反馈回路通常可以在两个方向上运转。在上面这个案例中，该反馈回路既可以起到为你补充能量的作用，也可减少过量的能量供应。如果你喝了过多的咖啡，发现自己能量过剩，过于亢奋，你就会在一段时间内停止摄入咖啡因。过高的能量会产生一种差异感，向你表明"太多了"，这样会让你减少咖啡摄入量，直到身体的能量水平降至合适的范围。无方向的标签可以提示我们，**影响你身体能量水平（存量）的反馈回路可以往不同的方向运转**。

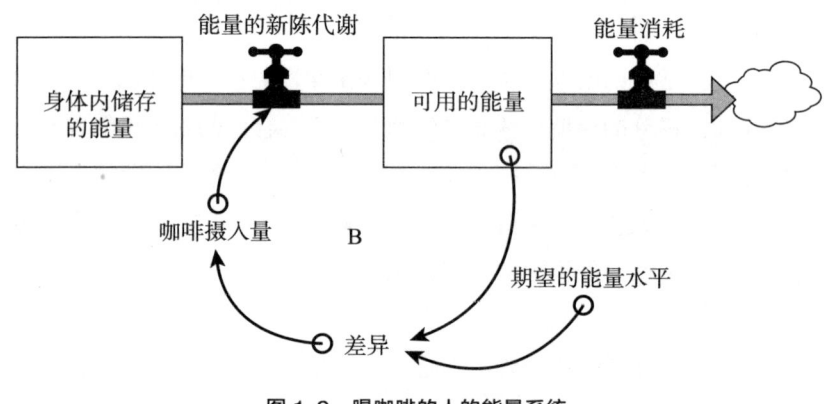

图 1-9 喝咖啡的人的能量系统

在我们刚才的讨论中，我把身体能量的流入量来源做了简化处理，用云朵表示。现在，让我们更详细地探究一下这个问题，把系统图变得稍微复杂一些。请记住：**所有系统图都是对现实世界的简化；我们每个人都在以不同的复杂程度来看待这个世界**。

在本例中，我标出了另外一个存量——身体内储存的能量，它可以被咖啡因激活。我之所以这么做，是想告诉大家，我们现在讨论的系统不只是一个回路这样简单。每一个喝咖啡的人都知道，咖啡因只是一种短期内起效的刺激物，它能让你的"马达"更高速地运转，却不能为你的"油箱"补足燃料。最终，咖啡因带来的兴奋状态会消失殆尽，而你的身体则因为过快消耗了大量能量而比以往更为疲乏。这一落差可能再次激活反馈回路，让你再次跑到咖啡机前去煮咖啡（久而久之就会产生一种"成瘾"结构，我们将在后面进行讨论），或者也可能激活其他一些反馈活动，比如吃一些食物、散散步、睡会儿觉等，这比喝咖啡更为长期有效且健康。

这一类反馈回路具有保持存量稳定、趋向一个目标、不断调节或校正的作用，我们称之为"调节回路"[①]。在图中，我在该回路的内部标了一个字母"B"，以示区别。调节回路具有趋向目标、趋向稳定的特点，每个这样的回路都在试图使存量保持在某一个目标值或可接受的范围之内。无论你是想让存量水平升高还是降低，调节回路都会想方设法，将其拉回到预期状态或设定的范围之内。

关于咖啡，我这里还有另外一个调节回路的例子，但它通过物理法则起作用，而不是依靠人的决策。滚烫的咖啡会逐渐冷却到室温状态，而它冷却的速度取决于咖啡的温度和室温之间的差距：二者的差距越大，咖啡凉得就越快。这一回路也可以朝相反方向发挥作用——如果你在夏天做了一杯冰咖啡，它将逐渐变热，直到达到室内温度。该系统的功能是缩小咖啡的温度和室温之间的差距，直至差距为零，不管二者的差距是正还是负（见图1-10）。

开始时，咖啡有不同的温度，可能仅低于沸点（热咖啡）或者仅高于冰点（冰咖啡）一点点，如果你没有把它们喝掉，一段时间之后，它们的温度变化情况如图1-11所示。在这里，你可以看到调节回路"自动寻向"的行为特征。不管系统存量的初始值怎样（在这个例子里就是咖啡的温度），也不管它是高于或低于"目标"值（室温），

[①] 原文为"balancing feedback loop"，亦可译为"保持平衡的回路"。——译者注

调节回路都会使其趋向目标。一开始变化很快，后来逐渐趋缓，直到存量和目标之间的差距消失。

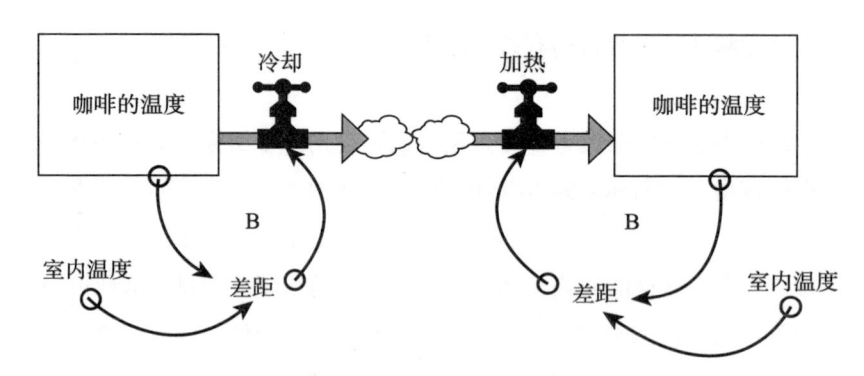

图 1-10　一杯咖啡逐渐冷却（左图）或变热（右图）的回路

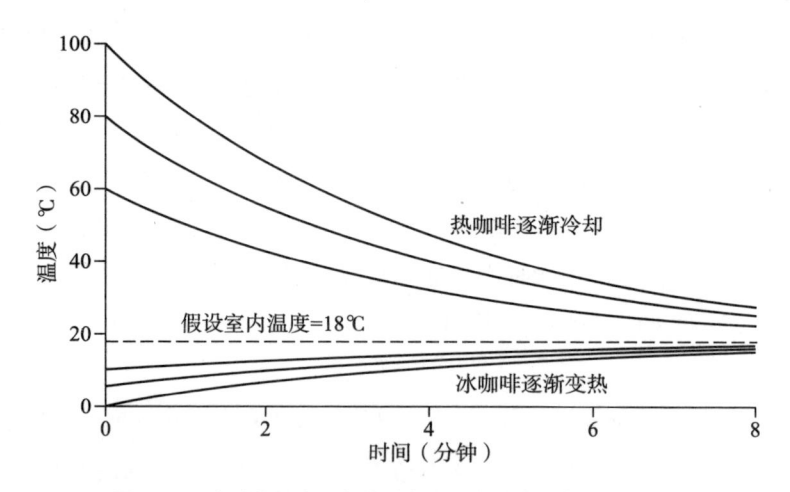

图 1-11　咖啡的温度逐渐接近室内温度（假设室温为 18℃）

　　调节回路这一行为模式（逐渐接近系统设定的目标），是很常见的。例如，放射性元素逐渐衰变、导弹的自动制导、固定资产的折旧、水库的蓄水或放水、你的身体对血糖浓度的调节，以及你在交通信号灯前停车时，都会经历类似的行为模式。你还可以找出更多的例子，这个世界充满趋向目标的调节回路。

　　反馈机制的存在并不一定意味着它可以很好地起作用。反馈机制有可能不够强大，无法将存量水平引导至期望的水平。**反馈其实是系统中各种要素之间的相互关联，是构成系统的信息要件。因为种种原因，反馈有可能会失效。**例如，信息有可能到达得太晚，或者没有传送到合适的地方；信息有可能不清晰、不完整，或者难以被解读；反馈触发的行动可能力度太弱、太滞后、受到资源的限制，或者根本无效。

在系统中，调节回路是保持平衡或达到特定目标的结构，也是系统稳定和抵制变革的根源。

系统之思
THINKING IN SYSTEMS

　　在实际中，一些调节回路的目标可能永远也无法达到。但在咖啡这个很简单的例子中，咖啡的温度最终一定会与室温相同。

增强回路，脱缰的野马

> 我需要休息，让我的大脑重新焕发活力，而旅行可以让我得到休息。但是，要去旅行，我必须得有钱。为了赚到钱，我必须去工作……我陷入了一个恶性循环之中，根本不可能逃出它的魔爪。
>
> 　　　　　　　　　　奥诺雷·巴尔扎克（Honoré Balzac）
> 　　　　　　　　　　　　　　19世纪小说家、戏剧家

043

我们经常会遇到这样一种状况，看起来好像是循环论证的：利润下降是因为投资不足，而投资不足是因为利润不佳。

简·丁伯根（Jan Tinbergen）
经济学家

第二类反馈回路的作用是不断放大、增强原有的发展态势，自我复制，像"滚雪球"一样。它们是良性循环或恶性循环，既可能导致系统不断成长，越来越好；也可能像脱缰的野马，导致局势越来越差，造成巨大的破坏甚至毁灭。我们将这一类回路称为"增强回路"。为了表示区别，我在这类回路内部标注了一个字母"R"。在这类回路的作用下，系统的存量越大，存量的流入量就越多，导致存量进一步变得更大；反之亦然。**总之，增强回路会强化系统原有的变化态势。**

举例来说：

- 两个小孩子发生争执，一个孩子打了另一个孩子一拳，后者就会踢前者一脚，这样就导致前者更大力度地反击……就这样，冲突不断升级。
- 物价升高，要想让人们维持原有的生活标准，就需要涨工资，而工资越高，产品的价格就需要更高，以便企业能够获利……而这意味着，又要涨工资，物价又会变得更高。
- 兔子数量越多，有生育能力的兔子就越多，生下来的兔宝宝也就越多，而兔宝宝越多，等它们长大以后，有生育能力的兔子就会变得更多，又会产下更多的兔宝宝。
- 土壤流失越严重，植被就越稀少，而植被越稀少，固定和维系土壤的根就越少,从而导致更严重的土壤流失,植被更加稀少。
- 我练习弹钢琴的次数越多,从琴声中体味到的乐趣就越多,从而我会更加愿意弹琴,练习更多。

增强回路也很常见,当你发现系统中某个作为恒定部分存在的要素具有自我复制或者持续增长的能力时,你就找到了增强回路。还记得我们在上文中提到的那个有利息的银行存款账户的例子吗?银行账户余额越大,你所能获得的利息就越多,你的存款金额就更大,从而使你下一期获得的利息更多(见图1-12)。类似的要素还有很多,包括人口、经济体系等。

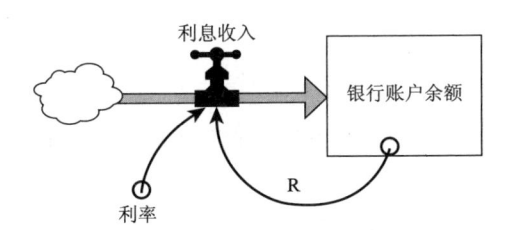

图 1-12　付息银行存款账户增强回路

图 1-13 显示的是在增强回路的作用下,银行中的钱(初始值是 100 美元)是如何增长的。我们假设在 12 年中没有人对这一账户进行过任何存取款操作。图中有 5 条曲线,分别对应的是 5 种不同利率的情况,从年利率 2% 到年利率 10%。

这不是简单的线性增长,每一年的变化不是固定的。虽然在利率较低的情况下,银行账户余额头几年的增长看起来像是线性的,但实际上,它的增长是越来越快的。**余额越大,增长得越多,此类增长被**

称为"指数增长"。当然,这是好消息还是坏消息,取决于到底是什么在增长——是存在银行中的钱,还是感染艾滋病的人数、玉米地里的害虫、国家的经济,或者军备竞赛过程中的武器装备。

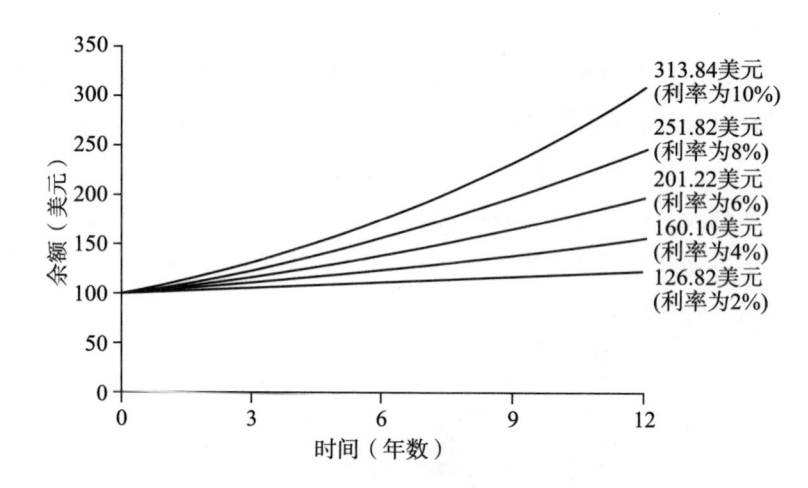

图1-13 在不同利率情况下,银行存款账户余额的变化状况

313.84美元(利率为10%)
251.82美元(利率为8%)
201.22美元(利率为6%)
160.10美元(利率为4%)
126.82美元(利率为2%)

如图1-14所示,你拥有的工厂和机器设备(一般被统称为"资本")越多,生产出的产品和服务("产出")就越多;产出越多,你就能有更多的钱,去投资更多的工厂和机器设备。就这样,赚得越多,继续赚更多的能力就越强。这个增强回路,也是任何经济体系增长的核心引擎。

> **系统之思**
>
> 增强回路是自我强化的。随着时间的变化,增强回路会导致指数级增长或者加速崩溃。系统中的存量具有自我强化或复制的能力时,你就能找到推动其增长的增强回路。

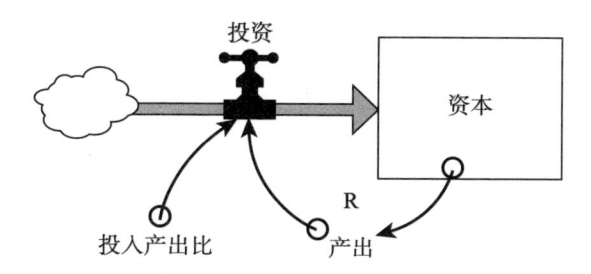

图 1-14　资本再投资推动增长

到现在为止，你可能已经了解调节回路和增强回路对于一个系统是多么重要，它们是系统的基础。有时候，我会让学生试着想象一下，如果没有反馈回路，我们在制定决策时会怎么样。也就是说，我们要在没有任何存量水平信息的情况下，做出与此相关的某项决策，结果会怎么样呢？请你也思考一下吧。你对此思考得越多，就会发现反馈回路几乎无所不在。

关于"无反馈"型决策，我的学生提到最多的就是恋爱和自杀。我想把这一问题留给你去思考，看看要做出这两类决策是否真的可以不包括反馈回路在内。

我想提醒大家注意的是，如果你发现反馈回路无处不在，那么你已经处于变成一名系统思考者的"危险处境"之中了。因为你不只是看到

因为我们经常会遇到增强回路，所以很容易知道这一速算诀窍：对于指数级增长来说，存量翻倍所花费的时间，约等于 70 除以增长率（以百分数来表示）。

举例来说，如果你把 100 美元存入银行，年利率是 7%，那么 10 年后，你的钱会翻一倍（70/7=10）；如果利率只有 5%，那么这笔钱要翻倍就需要花 14 年时间。

系统之思
THINKING IN SYSTEMS

了 A 如何影响 B，也会开始探究 B 是否会以某种方式影响到 A，以及 A 是否会增强它自身，或者相反。当你看到电视台晚间新闻上说，美联储要出台某些措施以控制经济时，你也会了解到美国的经济体系肯定会有某些应对措施，反过来影响美联储。当某人告诉你人口增长导致贫困时，你也可能会问自己，贫困何以导致人口的增长。

> 想一想：如果 A 能引起 B，那么 B 是否也有可能引起 A 呢？
>
> **系统之思**
> THINKING IN SYSTEMS

这样，你看到的世界就不再是静态的，而是动态的。你将停止指责他人，而开始探寻"系统究竟是怎样的"。反馈的概念让我们看到，系统本身就可以产生其自身的行为。

到现在为止，我们所探讨的案例，都是在一个例子中只包含一个或一类反馈回路。当然，在真实的系统中，根本不是这个样子。同一个系统中会存在很多不同类型的反馈回路，它们经常以异常复杂的方式相互关联。即使某个单一的存量，也有可能同时受好几个增强回路和调节回路的影响，它们的力度不同，作用方向迥异。某一个流量也可能受 3 个、5 个、10 个、20 个存量的影响。它们可能使某个存量增加，而使另外一个存量减少，从而引发一系列去调整另一个存量的决策。在一个系统中，有如此之多的反馈回路彼此关联，相互影响：有的试图使存量增长，有的想使其消亡，或者努力让彼此保持平衡。正如你所见到的结果，复杂系统的行为复杂多变、异彩纷呈，绝不只是保持稳定或平滑地趋向一个目标、呈指数级增长或加速衰败这样简单。我们在后文中会见识到这一点。

THINKING IN SYSTEMS

第 2 章

系统大观园

所有理论的目标都是尽可能减少和简化基本要素,同时也不必放弃对真实体验的准确呈现。

———

阿尔伯特·爱因斯坦(Albert Einstein)
物理学家

学习新事物的一个好方法是通过具体的范例，而不是抽象的理论。所以，在本章中，我会给出几种常见、简单但很重要的系统范例，来帮助大家更好地理解系统，包括复杂系统的一些基本原则。

这就像我们去逛一个动物园，有利也有弊。好处是，我们可以在一个地方快速地看到很多不同种类的动物，让自己对动物有一个整体的概念；但问题是，动物园中的动物远非动物的全部，我们只不过接触到部分代表，并且将它们按科属分类——这边是猴子，那边是熊（这边是单存量系统，那边是双存量系统）。虽然你能通过与熊的对比，观察到猴子的行为特征，但从整体来看，显得太过有序。动物园为了让游人更好地观看和理解动物，将各种动物彼此分隔开，也将它们与真实情况中隐蔽的生存环境分隔开来。而在大自然中，各种动物是混杂在一起的，相互影响，与生态环境密不可分。

因此，我们在这里所提到的几类系统，在真实情境中通常也是相互关联、相互作用的。不仅如此，它们也会和我们没有提到的其他一些系统相互影响，共同组成我们身处其中的各种嘈杂喧闹、纷繁多变的复杂环境。

好了，现在，让我们把生态系统放到一边，先走进"系统动物园"，一种动物接一种动物地看看吧。

单存量系统，
只能让我们做出影响未来行为的决策

系统1.1：拥有一个存量、两个相互制衡的调节回路的系统

典型代表：温度调节器

在上一章提到的咖啡冷却的例子中，你已经认识了调节回路逐渐趋向于某个目标（"寻向"）的行为特征，那么，如果有两个这样的回路，情况会怎么样？是否会牵引着一个存量朝向两个不同的目标变化？

这类系统的一个典型范例是房间里的温度调节器装置，它控制着你房间的制热或制冷。这个装置如果是传统的火炉，那就只能制热；如果是现代的空调，就既能制热，也能制冷。跟其他模型一样，图2-1中的温度调节器是一个简化了的家用制热系统。

这一系统的工作原理很简单：当室温低于设定的温度时，温度调节器探测到这一差异后会发出启动火炉加热的信号，从而提高室内温度；当室温升高，超过设定温度时，温度调节器则不再加热。这一直截了当、维持存量的调节回路如图2-1中左半部分所示。如果系

统中没有其他因素,并且一开始室温很低而你将温度调节器设置到18℃,那么该系统的运作情况将如图2-2所示。由于一开始室内温度很低,火炉会打开并开始工作,房间里的温度逐渐升高,当室温达到设定的温度时,火炉会关掉,房间会一直保持在你所设定的目标温度。

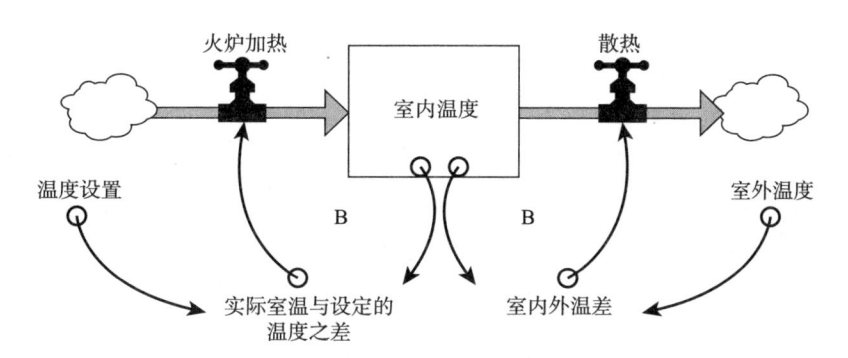

图 2-1　受温度调节器和火炉控制的室内温度

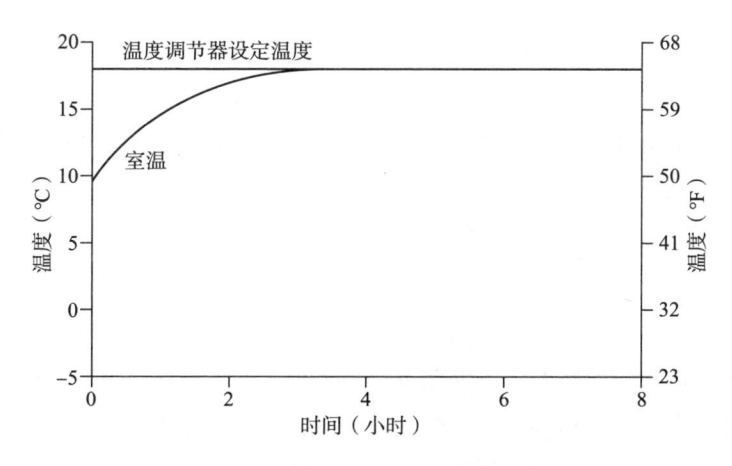

图 2-2　室温快速升高到设定的温度

然而,这并不是系统中唯一的回路,因为热量会散失到室外。如

图 2-1 中的右半部分所示，热量的流出受控于第二个调节回路。就像咖啡冷却的案例一样，这一回路的目标是使室内外温度一致。如果这是系统中唯一的回路（也就是说假设没有火炉），系统运作的情况就会如图 2-3 所示，一开始室内较温暖，而室外温度则很低。

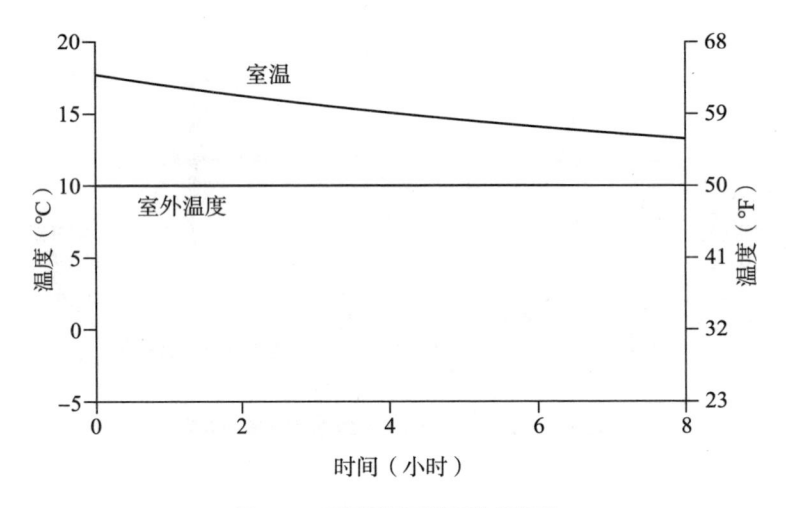

图 2-3　室温慢慢下降至室外温度

以上这种情况是假设房间的保温效果不是很好，一些热量会从室内散失到室外。房屋的保温效果越好，温度降低的速度就会越慢。

好了，现在让我们看一看，以上两个回路同时运作时，会发生什么？假设房间的保温效果足够好，火炉的功率也很充足，制热的回路将取代制冷的回路居于主导地位。结果是，房间里会很温暖，即使刚刚你还在冰天雪地的日子里处于一个冰冷的房间里（见图 2-4）。

随着室温升高，向外流出的热量也在增加，因为室内外温差加大，但是由于火炉持续加热，流入的热量超过流出的热量，于是室温会逐渐达到目标温度。至此，火炉释放的热量与从室内流失的热量达到了均衡。

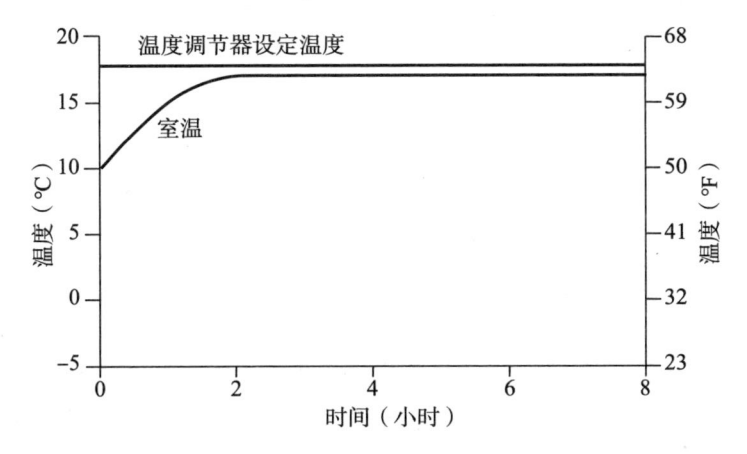

图2-4 制热回路取代制冷回路居于主导地位

注：即便热量持续从室内流失，火炉也能让一个冰冷的房间保持温暖。

在这个案例中，虽然温度被设定为18℃，但室温会略低于18℃。这是因为存在向外的热量散失——即使火炉因室温未达到设定目标值而一直加热，仍然会有一些热量源源不断地流失到室外。这是两个相互竞争的调节回路，这样的系统会呈现类似的特征，有时会产生让人意想不到的结果，就像你试图让一个底部有漏洞的水桶装满水一样。更糟糕的是，漏出的水受一个反馈回路的影响，水桶里的水越多，水桶底的水压越大，从破洞中流出的水流量也会更多。在上述案例中，如果我们试图让室内比室外更暖和一些，那么屋里越暖和，向外散失热量的速度也会越快。这就要让火炉花更多的时间去弥补更多的热量散失，与此同时又会有更多的热量散失。因此，保温效果好的房间散热更慢，这往往比保温效果差却装备着一个大火炉的房间更令人感到温暖舒适。

对于家用制热系统，人们已经知道需要将温度设定得比他们实际需要的温度稍高一点。当然，具体高多少，是一个相对棘手的问题，因为越冷的时候，热量向外散失的速率越高。不过，对于温度调节器而言，这一控制问题不算严重，你只要大致设定一个自己感到舒适或能接受的温度即可。

但事实上，在现实生活中，对于其他与此有着同样结构（一个存量、两个相互制衡的调节回路）的系统来说，系统中的存量会持续地变化，如果你试图去控制它，可能会产生一些问题。

例如，假设你试图将商店里的库存量维持在特定水平，由于从订购到进货存在一定的时间延迟，你不可能立即以新货物补足已售出的货物，如果你没有把订购的货物到来之前可能售出的货物数量预估在内，你就可能面临断货的风险，库存量不可能一直充裕。同样，相似的状况还会出现在下列场景中：试图保持现金收支的平衡，试图保持水库蓄水量的稳定，或者试图在一套连续反应装置中保持化学物质的浓度一致。

> 由反馈回路传递的信息只能影响未来的行为。它不能足够快地发送一个信号，去修正由当前反馈所驱动的系统行为。哪怕是非物理性的信息，也需要时间反馈到系统之中。
>
> **系统之思**
> THINKING IN SYSTEMS

从这里，我们可以得出一条很重要的系统基本原则：**反馈回路传递的信息只能影响未来的行为，不能立即改变由当前反馈所驱动的系统行为**。如果你根据当前反馈做出一项决策，你也并不能改变驱动当前反馈的这个系统的行为，你的决策只能影响未来的行为。

为什么说这条原则很重要呢？因为它意味着，在行为与结果响应之间经常会有时间延迟。也就是说，一个流量不能立即对其自身做出调整，它只能对存量的变化做出反应，而这必然是在一段时间的延迟之后，等待信息反馈达到一定程度。例如，对于一个浴缸，你可能只需要花很少时间就可以估计出水的深度，从而决定调整水的流量。很多经济学相关问题的模型经常假设消费或生产会快速地对诸如价格等要素的变化做出反应，这肯定是错的。这也是真实的经济系统不会完全按照经济模型运作的原因之一。

从温度调节器这一简单系统中，我们还可以得出一条具体的原则：**在类似的系统中，流量的散失和补充过程是持续的、动态变化的，不能静止地看。**如果意识不到这一点，存量的目标水平就难以维持。

> 在一个由存量维持的调节回路中，设定目标时，必须适当考虑补偿对存量有影响的流入和流出过程。否则，反馈过程将超出或低于存量的目标值。
>
> **系统之思**
> THINKING IN SYSTEMS

例如，假设你希望室内温度达到 18℃，你必须考虑到热量的持续散失，从而将温度设定得略高于期望值；如果你想偿付自己的信用卡欠款（或国家要偿还国债），你必须考虑到利息支出和期间的开支，从而稍微提高偿还金额，以便补足还款期间所产生的费用；如果你希望增加员工人数，必须尽快招聘到位，以防在招聘期间再有员工离职。

换句话说，对于类似的系统，你必须考虑到所有重要的流量，否则系统的行为就可能让你大吃一惊。

在结束这一小节之前，让我们看一看当外部温度波动时，温度调节器系统是如何运作的。图 2-5 显示的是一个正常工作的温度调节器系统在 24 小时内的一般运作情况，同期室外温度降到了冰点以下。由于火炉供给的热量很好地弥补了向室外散失的热量，在室内暖和起来之后温度几乎没有变化。

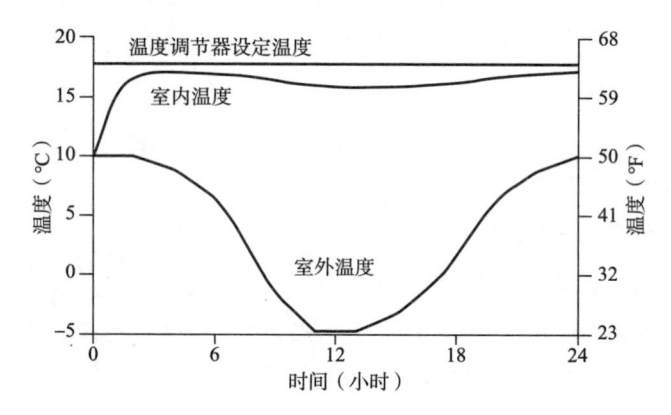

图 2-5 当气温很低时，保温效果较好的房间室温变化情况

每一个调节回路都有它的转折点，此时其他回路会取代该回路而居于主导地位，使存量远离它的目标。 这在温度调节器系统中也会出现。例如，你减弱火炉制热回路的影响力（假设更换一个更小的火炉），或者加大制冷回路的影响力（如室外温度更低、室内保温效果更差，或者打开门窗增加流失量）。图 2-6 反映的是室外温度与图 2-5 相同但热量散失更快时的情况。在这种情况下，室外温度较低时，火炉不能确保供给足够多的热量，在一段时间里，使室温降低并逐渐趋向室外温度的回路占据主导地位，于是房间里的温度显著降低了。

你可以看到，随着时间的推移，图 2-6 中的各种变量如何相互关联。一开始，室内外的温度都很低；由于火炉供给的热量超过了散失到屋外的热量，室内逐渐暖和起来。经过一两个小时之后，由于室外温度逐渐升高，火炉源源不断补给的热量完全弥补了外流的热量，室温就能达到并保持在接近期望的温度。

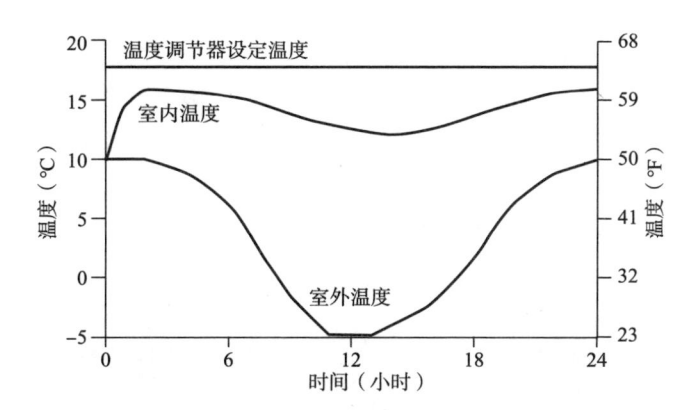

图 2-6　当气温很低时，保温效果不好的房间室温变化情况

但是，当室外气温开始下降，外流的热量也加大了，火炉产生的热量不足以很快弥补二者的缺口（即火炉产生的热量少于外流的热量），于是室温开始下降。最后，室外温度又开始回升，外流热量减少，而火炉还在全速运转，其补充的热量终于又占了上风，室温又开始回升。

按照我们在浴缸案例中提出的法则，当火炉补充的热量超过外流的热量，室温就会上升；反之，室温就会降低。如果你能认真研究一下这一系统行为图的变化，并将其与系统的反馈回路图结合起来，你就能很好地理解系统在结构上如何相互关联，及其对系统行为的影响——该系统有两个反馈回路，它们之间相互影响，此消彼长，随着时间推移而动态变化。

系统 1.2：拥有一个存量、一个增强回路以及一个调节回路的系统

典型代表：人口和工业经济

如果有一个增强回路、一个调节回路同时作用于一个存量，情况会怎样？这其实是最常见、最重要的系统结构之一。在众多案例中，与我们每个人都息息相关的人口和工业经济体系就是这样的系统（见图2-7）。

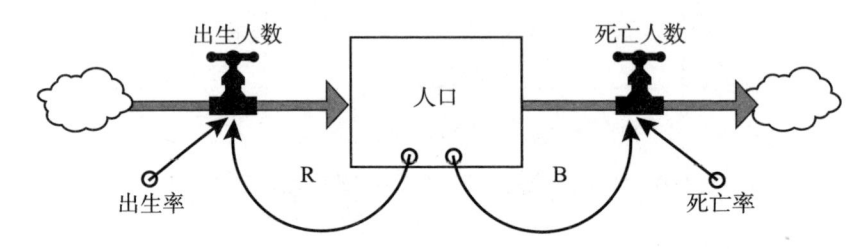

图2-7 人口受出生（增强回路）和死亡（调节回路）的影响

人口受到一个增强回路和一个调节回路的影响：增强回路受出生率影响，导致人口数量增长①；调节回路受死亡率影响，导致人口数量减少②。

如果出生率和死亡率是常数（在真实情况下很少如此），这一系统的行为就很简单：它将呈指数级增长或减少。至于变化的方向，取决于决定出生人数的增强回路和决定死亡人数的调节回路谁的效果更强。

---

① 在特定出生率的情况下，人口越多，当期新出生的人数也就越多，从而进一步增加了人口数量，这是一个增强回路。——译者注
② 在特定死亡率的情况下，人口越多，当期死亡的人数也就越多，从而导致人口总数的减少，这是一个调节回路。——译者注

例如，2007年全球人口总数为66亿，出生率约为21‰，死亡率是9‰。由于出生率高于死亡率，增强回路占了主导地位。如果出生率和死亡率一直保持不变，那么，一个刚出生的孩子，到他或她60岁时，将看到世界人口已经翻了一番还多（见图2-8）。

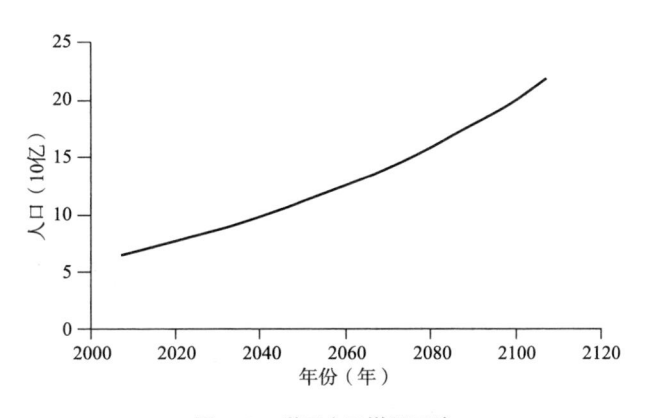

图2-8 世界人口增强回路

注：从2007年的出生率和死亡率来看，世界人口将呈现指数级增长态势。

假设由于一场可怕的瘟疫，死亡率提高到30‰，而出生率仍保持在21‰，那么决定死亡人数的调节回路将占据主导地位。由于每一年死亡的人数多于当年新出生的人数，人口总数就会逐渐下降（见图2-9）。

如果出生率和死亡率不是常数，都会随着时间变化，事情就变得更有趣了。过去，联合国在进行长期人口预测时，通常会假设随着经济的发展，各国的平均出生率会下降；一直到近年，人们通常会假设死亡率也会逐渐降低，但降低的速度会慢很多，因为世界上大部分国家的死亡率已经比较低了。然而，由于艾滋病的蔓延，联合国现在假设，在未来 50 年，一些受到艾滋病影响的地区，寿命增长的趋势将会减缓。

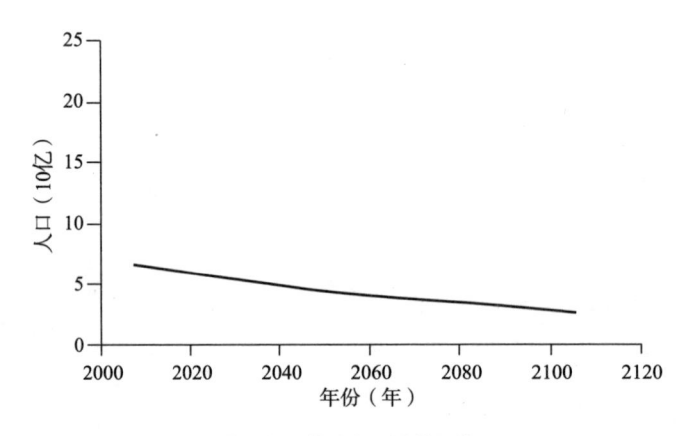

图 2-9　世界人口调节回路

注：如果死亡率达到 30‰，而出生率维持在 2007 年 21‰ 的水平，世界人口将呈现指数级减少的态势。

受流量（出生率和死亡率）变动的影响，系统中存量（人口）的行为也会随时间而变化，但变化曲线是不规则的。例如，如果全球的出生率稳步回落，到 2035 年与死亡率持平，并且二者在此后均保持稳定，世界总人口将趋向平稳：每年新出生的人数刚好等于当年死亡的人数，达到一种动态平衡（见图 2-10）。

这一行为是反馈回路之间"**主导地位转换**"的例子。"**主导地位**"是系统思考中的一个重要概念，当一个回路相对于另外一些回路居于主导地位时，它就会对系统的行为产生更强的影响力。虽然系统中经常有好几个相互竞争的反馈回路同时在运作，但只有那些居于主导地位的回路才能决定系统的行为。

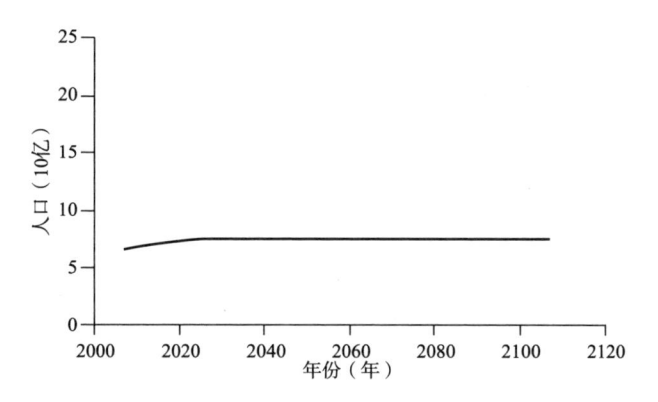

图 2-10 世界人口保持动态平衡

注：若出生率等于死亡率，世界人口将保持稳定。

在人口系统中，一开始，由于出生率高于死亡率，推动人口增长的增强回路就居于主导地位，所以系统的行为是指数级增长。但是，随着出生率降低，增强回路的影响力逐渐弱化。最后，它的影响力刚好和与死亡率相关的调节回路的影响力相当，这时，没有哪个回路占据主导地位，系统最终达到动态平衡状态。

在温度调节器系统中，当室外温度降低，且从保温效果不好的房间里流失的热量超过了火炉补充的热量时，你也可以发现"主导地位转换"的现象。此时，冷却回路取代加热回路居于主导地位。

人口系统只有少数几种行为模式，而这取决于出生率、死亡率等"驱动性"变量的状况。对于只有一个增强回路和一个调节回路的简单系统来说，可能性就那么几种。如

> 当不同回路的相对优势发生变化，使得主导系统行为的回路由一个变为另一个时，系统通常会出现一些复杂的行为。
>
> **系统之思**
> THINKING IN SYSTEMS

果增强回路居于主导地位,受增强回路和调节回路影响的存量就会呈现指数级增长;如果调节回路居于主导地位,存量就会逐渐衰退;如果两个回路势均力敌,存量就会维持在一个特定水平上(见图2-11)。如果两个回路的相对优势随时间而变化,出现"轮流坐庄"的局面,系统行为就会波动(见图2-12)。

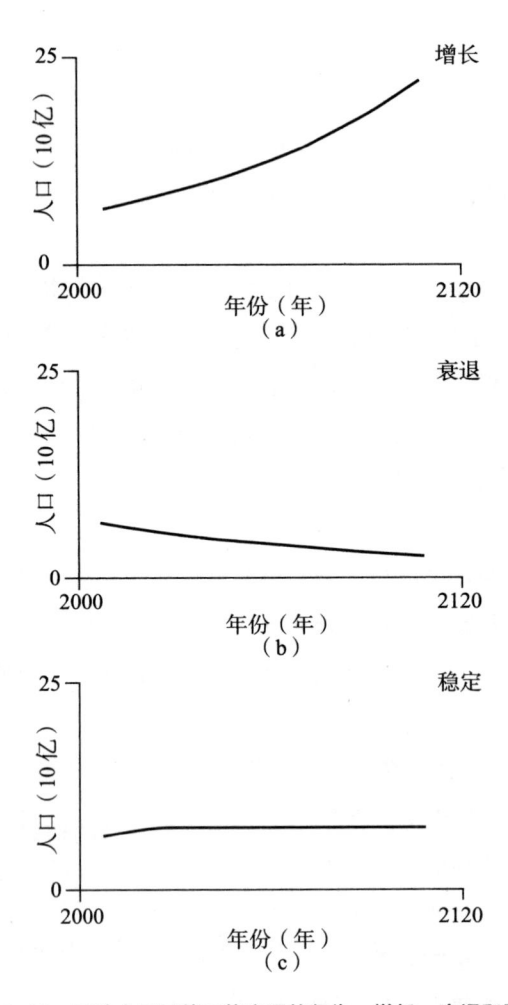

图2-11 三种人口系统可能出现的行为:增长、衰退和稳定

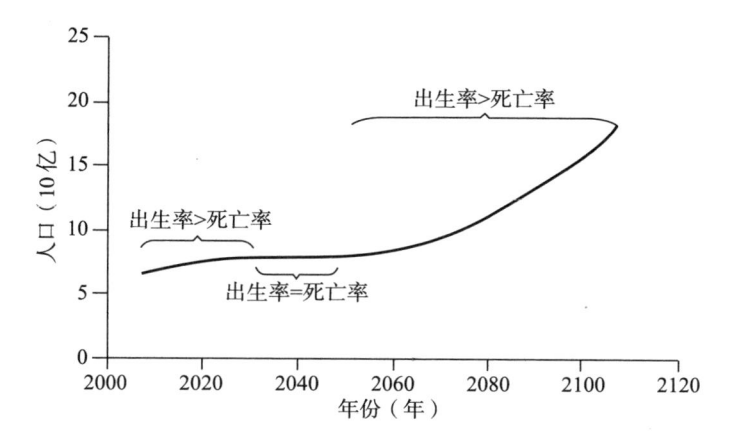

图 2-12　驱动出生和死亡的反馈回路发生主导地位转换

这里，我选取了一些极端的人口情况，以展示有关模型的一个要点以及它们所产生的新场景。当你面对某个场景，例如听到经济预测、公司预算、天气预报、未来气候变化以及股票经纪人关于某只股票价格走势的预测等，你可以思考下列问题，以帮助你判断底层的模型是否很好地反映了现实。

- 各种驱动因素会不会以这种方式发挥作用？（例如，出生率和死亡率可能发挥什么作用？）
- 如果驱动因素这样发挥作用，系统将以何种方式应对？（例如，出生率和死亡率真的会像我们想象的那样影响人口存量的变化吗？）
- 影响各种驱动因素的又是什么？（例如，什么会影响出生率，什么会影响死亡率？）

实际上，**第一个问题很难回答，因为这是在预测未来，而未来从本质上讲是不确定的**。虽然你可能认为自己对未来很有把握，但除非未来真正到来，否则仍然无法验证你的观点是否正确。系统分析可以进行一系列情境测试，以便观察当各种驱动因素发挥不同作用时，系统状况如何。这通常是系统分析的一个目的。但是，你仍然需要拟订各种情境，并判断哪种或哪些情境可能发生，需要认真分析。

动态系统分析的目的通常不是预测会发生什么情况，而是探究在各种驱动因素以不同方式发挥作用时，可能会发生什么。

相对于第一个问题，第二个问题"系统是否真的会如此反应"更为科学，这个问题与模型的质量相关。模型反映出系统特有的动态变化了吗？不论你如何看待驱动因素会不会发挥作用这一问题，如果的确发挥作用，系统会做出那样的反应吗？

在上述人口系统中，不管你认为出生率与死亡率发挥作用的可能性有多大，对第二个问题的回答大致是肯定的，即如果出生率与死亡率产生了这样的作用，人口行为也会发生这样的变化。因为我们这里所使用的人口模型是很简单的。当然，我们可以进一步使其精细化，例如按年龄划分人群。但是，这个模型基本上就能反映真实的人口变动状况，具体数字可能不太准确，但基本的行为模式却是真实的。

> 系统动力学模型可探究未来的多种可能性，让我们思考一下"如果……会怎么样"这样的问题。
>
> **系统之思**
> THINKING IN SYSTEMS

第三个问题"影响各种驱动因素的又是什么"，指的是调节流入量和流出量的是什么。这个问题与系统的边界有关，需要认真研究，看看这些驱动因素实际上是完全独立的，还是说它们也是系统内部的变量。

例如，人口规模是否会反过来影响出生率和死亡率？影响出生率和死亡率的是否还有其他因素，如经济、环境或者社会趋势等，人口规模是否会影响这些经济、环境和社会因素？

> 模型的价值不取决于它的驱动情境是否真实（其实，没有人能够给出肯定答案），而取决于它是否能够给出真实的行为模式。
>
> **系统之思**
> THINKING IN SYSTEMS

当然，这些问题的答案都是肯定的。出生率和死亡率也是被一些反馈回路所左右的，至少其中一些反馈回路本身也受人口规模影响。人口这一系统本身也只是更大的系统中的一部分。

在这个更大的系统中，经济是影响人口的一个很重要的子系统。在经济系统的核心，也存在一个"增强回路+调节回路"的系统，其结构与人口系统类似，因此这两个子系统也具有类似的行为模式（见图2-13）。

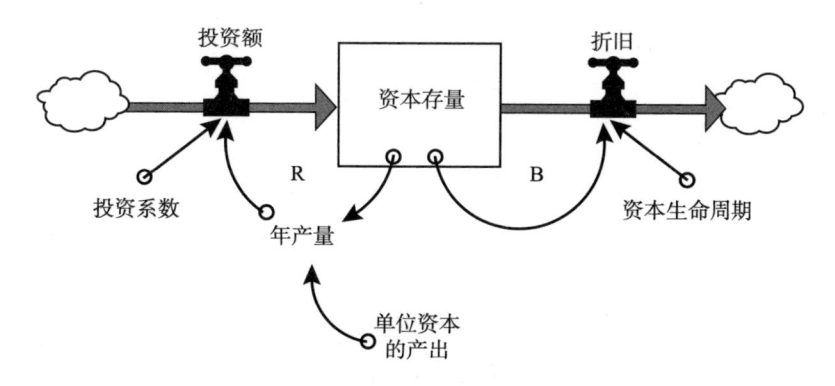

图2-13 经济系统的行为变化模式

注：与人口系统类似，经济系统中也有一个驱动增长的增强回路（外部投资）和一个导致衰退的调节回路（折旧）。

在经济系统中，实体资本（如机器设备和工厂等）的存量越大、生产效率（即单位资本的产出）越高，每年的产量（即产品和服务）也就越大。而产量越大，就会有更多的投资形成新的资本。这是一个增强回路，就像人口系统中的出生回路。在这里，投资系数相当于出生率。投入产出比越高，资本存量的增长就越快。

然而，实体资本也会由于折旧（磨损和淘汰）而逐渐消耗。这是一个调节回路，类似于人口系统中的死亡回路。资本的"死亡率"取决于资本的平均寿命：生命周期越长，每年资本淘汰或置换的比例就越小。

如果这个系统和人口系统的结构相同，那它们也具有相同的行为模式。和世界人口一样，近年来，世界资本存量也由增强回路主导，从而呈现出指数级增长态势。至于未来它将继续增长还是保持不变，抑或衰退，要看增强回路是否仍然强于调节回路。这取决于：

- 投资系数——每年社会上有多少产出用于再投资，而不是被消耗掉。
- 资本的效率——要想获得特定的产出，需要消耗多少资本。
- 资本的平均生命周期。

如果用于再投资的投资系数是一个常数，资本的效率（产出能力）也相对稳定，资本存量的变化趋势将取决于资本的生命周期。图2-14的3条曲线展示了3个拥有不同资本平均生命周期的系统。当资本生命周期相对短暂时，资本消耗速度快于更新速度，再投资量无法抵消折旧的影响，经济慢慢陷入衰落；当折旧刚好与投资持平，经济就处于动态平衡；假如资本的生命周期很长，资本存量则呈指数级增长。资本的生命周期越长，经济增长的速度越快。

这个例子又一次体现了一项我们已经了解到的系统的基本原则：**你可以通过降低流出速率或者提高流入速率，来使存量增长。**

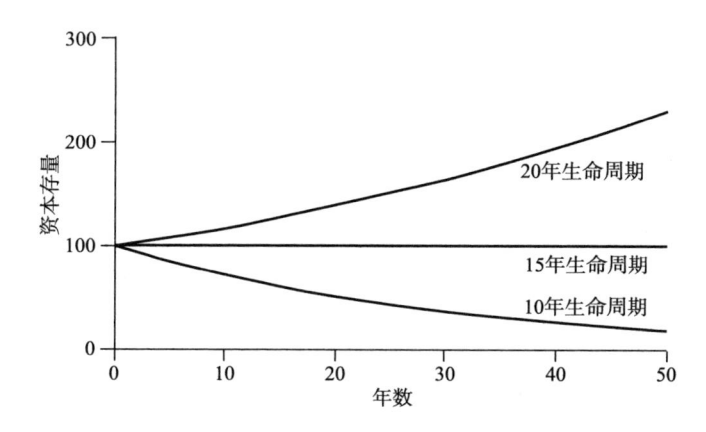

图2-14　资本存量的增长与资本生命周期之间的关系

注：假设单位资本的产出比为1∶3，投资系数为20%，在这种情况下，资本生命周期为15年时，折旧与资本更新速度持平；更短的资本生命周期将导致资本存量陷入衰退。

正如人口系统中出生率和死亡率受很多因素影响，在经济系统中，也有很多因素影响产出率、投资系数和资本生命周期，如利率、技术、税收政策、消费习惯以及价格等。人口系统也会影响投资，包括为产出提供劳动力、增加消费需求，并由此增大或缩小投资系数。经济系统的产出也会以多种方式反馈并影响到人口系统，例如经济富裕的地区医疗保健条件通常也更好，从而降低了死亡率，而且，经济富裕地区的出生率通常也更低。

事实上，在长期经济系统建模时，都会考虑经济系统和人口系统以及它们之间的关联，以反映二者如何相互影响。经济发展的核心问题是如何防止资本积累的速度慢于人口增长速度。这是两个增强回路，若前者快于后者，就可以使人们越来越富裕，否则就会使人们陷入越来越贫穷的泥沼之中。

如果我将上面提到的经济系统与人口系统叫作同一类"动物"，不知道你是否会感到奇怪？一个是关于工厂设备、进货出货和经济流量的经济系统，另外一个是关于婴儿出生、长大，再生儿育女、逐渐变老并最终逝去的人口系统，二者在多个方面似乎都有很大差异。但是，从系统的角度看，它们之间有一个很重要的共同点：相同的反馈回路结构，即都有一个受增强回路和调节回路影响的存量，也都有一个老化的过程，无论是用钢筋水泥建造的工厂，还是车床、汽轮机，都会像人一样慢慢变老，并最终寿终正寝。

我们之前讲过，系统行为主要是由其自身引起的。与之同样重要的另外一项系统理论核心见解是，**具有相似反馈结构的系统，也会产生相似的动态行为，即使这些系统的外部表现完全不同。**

> 具有相似反馈结构的系统，也会产生相似的动态行为。
>
> **系统之思**
> THINKING IN SYSTEMS

例如，虽然人口与工业经济系统表面上差异很大，但它们都可以自我更新，以指数级方式增长，都会逐渐老化和衰亡。同样，咖啡杯的冷却与房间温度的降低、放射性物质的衰变、人口或工业经济系统的老化和衰亡也基本相似，这些衰退或下降都是调节回路作用的结果。

系统 1.3: 含有时间延迟的系统

典型代表：商业库存

想象一家汽车经销商的仓库，它有一定的库存量，也有一个流入量（各家工厂交付的汽车）和一个流出量（销售给客户的汽车）。从结构上看，汽车库存量的行为变化模式就像一个浴缸里的水。

现在，让我们看一下这一受管控的反馈系统是如何运作的。假设要维持足够 10 天销售的库存量（见图 2-15）。汽车经销商需要保持一定的库存，因为每天到货交付的数量和销售量不可能完美地匹配，而且客户每天的购买量也很难预测。此外，经销商还需要多保持一些额外的库存作为缓冲，以防供应商偶尔出现交货延迟或其他意外情况。

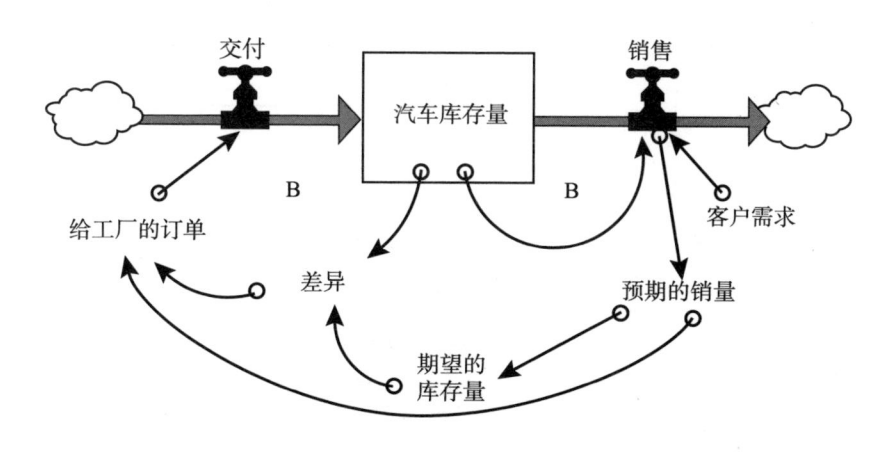

图 2-15　汽车库存量的行为变化模式

注：一家汽车经销商的库存量由两个相互竞争的调节回路保持平衡，一个是因销售而产生的流出量，另一个是到货交付的流入量。

经销商会对销售进行监控和预测，例如，如果他们发现销量有增长趋势，就会据此增加订单，以便增加库存，满足未来 10 天在高销售率下可能增加的销量。因此，销量变大，意味着预期销量也会变大，实际库存与期望库存之间的差距加大，这将导致向工厂采购的订单量增加。一段时间之后，到货量将增加，从而提高库存量，应对未来可能出现的更大销量。

这一系统是温度调节器系统的翻版，都是一个存量受两个相互制衡的调节回路的影响。在本例中，一个调节回路是把车销售出去，从而导致库存减少，另一个是向供应商订购的车辆到货交付，从而补足因销售而减少的库存。图 2-16 显示的是顾客需求增加了 10% 的情况。波澜不惊，是吧？

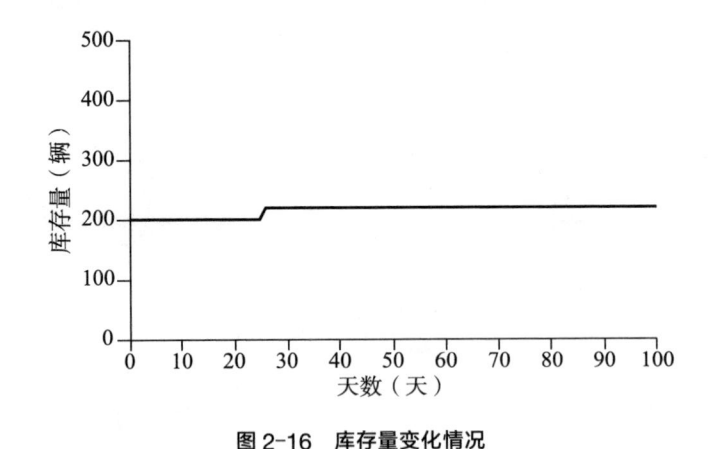

图 2-16 库存量变化情况

注：从第 25 天开始，顾客需求永久性地增长了 10%，相应地，经销商的库存量也增加了这么多。

在图 2-17 中，我们对这个简单的模型进行了一些微调，加入了 3 个时间延迟（感知延迟、反应延迟和交货延迟），这些都是我们在现实中经常会遇到的情况。

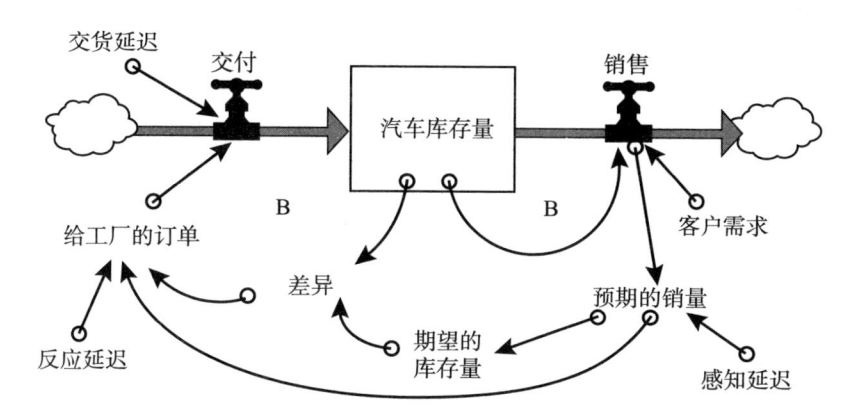

图 2-17 有时间延迟的汽车库存量行为变化模式

首先是感知延迟。这与人们的主观认识有关。经销商不可能对销量的任何变化都立即做出反应。在做出有关订货数量的决策时，他们通常会计算过去一段时间，比如 5 天的平均销量，以判断销量的变化是真实的趋势，还是短期内的波动或异常。

其次是反应延迟。即明显需要调整订单数量时，经销商也不会在某笔订单里将所有缺货一次性调整到位。相反，他们会在其后的每笔订单中增加缺货的 1/3。也就是说，即使他们相信销量的变化趋势是真实的，也只会在 3 天内部分地进行调整，以便在其后的几天内进一步确认这一趋势。

最后是交货延迟。从供应商的工厂收到订单、处理订单并发货交付给经销商，要花 5 天时间。

虽然这一系统和简单的温度调节器系统一样，只由两个调节回路构成，但它的行为变化却和后者有着明显差异。例如，想象一下，当客户需求和随后的销量增长了 10% 之后，库存量会有怎样的变化？图 2-18 是库存量随时间变化的示意图。

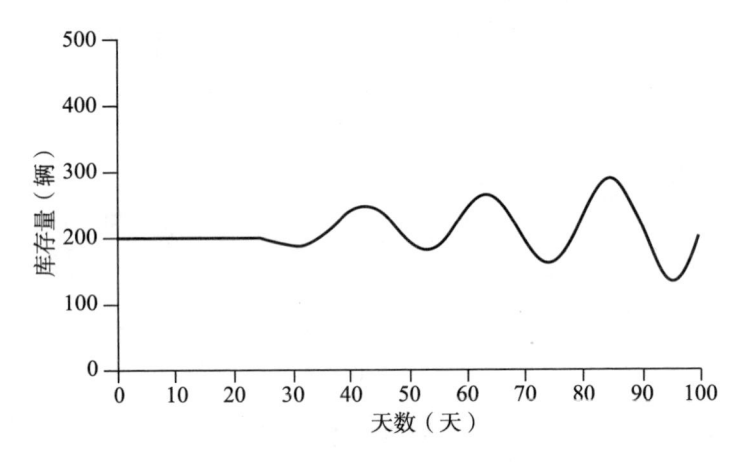

图 2-18　库存量随时间变化的情况（一）

注：当系统中存在延迟时，库存量会随销售额增加 10% 而上下振荡。

是的，振荡！一开始，销量的微小增长，导致库存下降；经过几天观察，经销商确认销量增长的趋势确实存在，而且会持续，所以他们开始订购更多的车，不仅要满足增大的销量，而且要补足之前因销售而导致的库存差距。但是，因为交货还要花费一些时间，在这期间，库存量继续降低，经销商会进一步加大订单的数量，好满足 10 天所需的库存量。

最后，随着大量订货终于到货交付，库存量得以恢复，并且不仅是恢复而已，因为在前一段时间里，销量增长的实际趋势还不确定，而经销商又下了太多订单。现在，他们意识到了自己的错误，开始减少订单量。但是，之前所下的大额订单仍然不断地到货交付。因此，他们更大幅度地削减订单量。事实上，由于他们无法确切掌握未来的走势，几乎不可避免地会削减过多订单。于是，库存会再次变得过低……如此循环往复，库存量会围绕新的预期库存量上下振荡。从图2-18、图2-19可以看出，少数几个延迟会造成系统行为多大的变化！

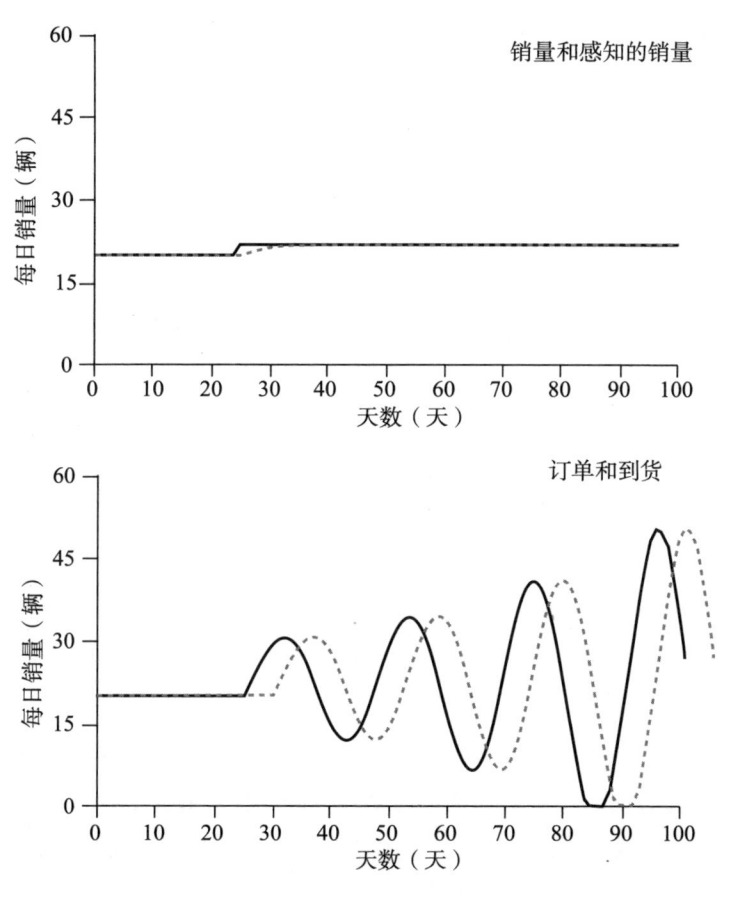

图 2-19　订单和交付对需求增加的反应

注：上图中的实线显示的是在第25天，销量有一个很小但突然的阶梯式上升；虚线是经销商对前3天的销量进行平均后，所感知到的销量变化。下图展示的是受到影响的订单模型，实线和虚线分别对应订单和实际到货情况。

稍后我们会探讨有哪些方法可以抑制这些振荡，但首先，很重要的一点是，我们必须理解为什么会产生振荡。这并不是因为汽车经销商很愚蠢，而是因为他们置身于一个难以获得及时信息反馈的系统之中。并且由于物理上的延迟，他们的行动很难立即对库存量产生影响。他们也不知道顾客下一步会做什么；当顾客的行为有了一些变化，他们也不能肯定这些变化是否会持续下去。当他们发出一个订单，也不会立刻得到响应。信息不对称以及物理延迟是非常普遍的情况。因此，在其他的很多系统中，类似这样的振荡也是很常见的。想象一下，淋浴时，如果冷热水混合器与喷头之间有很长的管道，那么由于存在反应延迟，你很可能会直接体验到水温振荡的"乐趣"。

> 调节回路上的时间延迟很可能导致系统的振荡。
>
> **系统之思**
> THINKING IN SYSTEMS

至于一个延迟在什么情况下会引起怎样的振荡，这并不是一个简单的问题。我会用上述库存系统来向你解释具体原因。

"这些振荡真是令人无法忍受。"经销商气愤地说，因为他们本身也是一个会学习的系统，现在正决心改变一下库存系统的行为：

> 我要缩短延迟。我左右不了工厂的交货延迟，但我可以加快自己的反应。在确定订单数量时，我以前会通过前5天的平均销量做决定，现在我只通过前两天的平均数判断趋势。

图 2-20 就是经销商缩短感知延迟之后库存量变化的示意图。从图上看，虽然他们缩短了感知延迟时间，但基本上没有什么变化，库存量的振荡甚至还有些恶化。

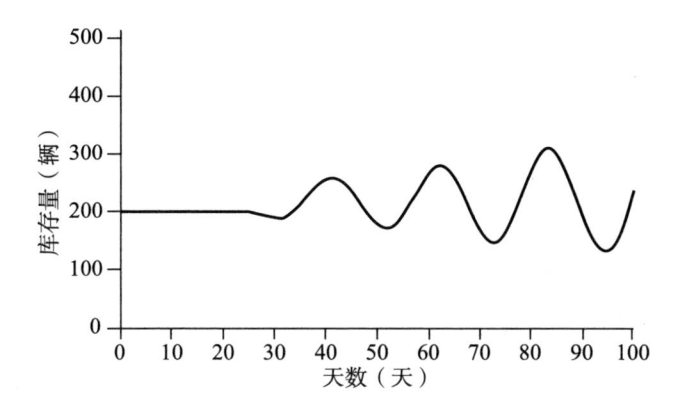

图 2-20 库存量随时间变化的情况（二）

注：即使缩短了感知延迟时间，库存量对于需求增加的反应模式依然没有变化。

如果这位经销商不是缩短感知延迟时间，而是缩短反应时间，例如在 2 天内而不是 3 天内弥补上感知到的库存差额，情况会怎么样？

事实上，事情只会变得更糟，如图 2-21 所示。

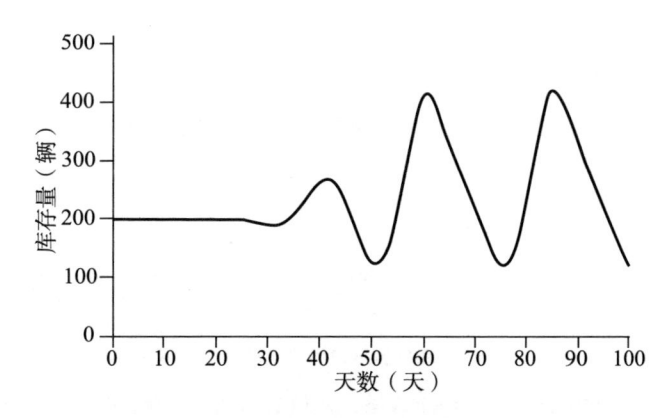

图 2-21 库存量随时间变化的情况（三）

注：如果缩短反应延迟时间，库存量的振荡变得更加剧烈。

077

一定要做出改变。既然系统中有一个具有学习能力的人，那么情况就一定会发生改变。"高杠杆率，但方向错误。"看到自己试图抑制振荡的政策不奏效，这位具有系统思考能力的经销商如此说道。

其实，这种"好心办坏事"或"越采取干预措施，问题越恶化"的情况很常见。人们通常出于好意，试图借助一些政策或干预措施来修补系统出现的问题，但结果往往事与愿违，甚至将系统推向错误的方向。当我们试图改变一个系统时，系统行为却出乎意料地违背了我们的直觉，这样的事时有发生，上述案例只不过是其中的一个例子罢了。

对于这个系统，造成问题的部分原因不是经销商的反应太慢了，而是反应太快了。在系统既定的状况下，经销商有些反应过度了。如果经销商不是将反应延迟从 3 天缩短到 2 天，而是延长到 6 天，事情就会好转许多，如图 2-22 所示。

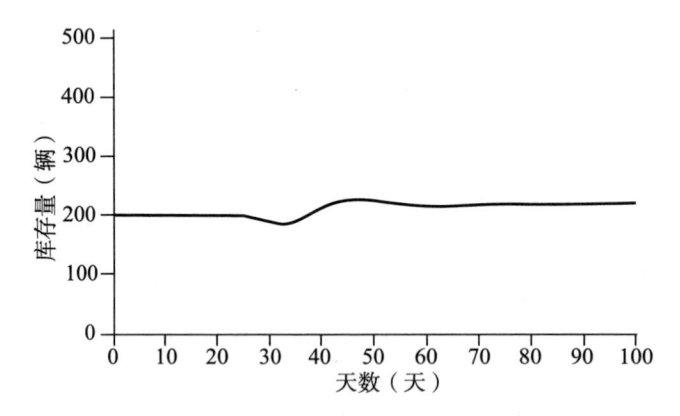

系统之思
THINKING IN SYSTEMS

图 2-22　库存量随时间变化的情况（四）

注：在延长反应延迟的情况下，对于同样的需求变化，库存量的反应曲线很平缓。

如图所示,在同样的销量变化下,振荡明显减缓了,而且系统很快找到了新的均衡状态。

在该系统中,最重要的延迟是工厂的交货延迟,它不在经销商的直接控制之中。但是,即使没有改变这一延迟的能力,经销商也可以学会更好地管理库存。

改变系统中的延迟可能使系统更容易被管理,也可能完全相反。所以,可以理解为什么一些系统思考专家会如此着迷于延迟。一看到系统中存在延迟,我们总是非常警觉,会认真分析它们在哪儿,时间多长,是信息流的延迟还是物理过程的延迟等。某种意义上,**如果不知道延迟在哪儿、时间多长,我们就不可能真正理解系统的动态行为。**从上文我们已经知道,一些延迟可能成为强有力的政策杠杆,延长或缩短它们可以使系统行为产生显著变化。

> 在系统中,延迟是普遍存在的,而且它们对系统行为有很强的影响。改变一个延迟的长短,可能会导致系统行为的很大变化,也可能不会,这取决于该延迟的类型以及与其他延迟相比它的时间是长是短。
>
> **系统之思**
> THINKING IN SYSTEMS

从一个更大的视角上看,一家经销商的库存问题可能是微不足道、可被解决的,但想象一下,如果这是全美未售出的汽车库存,会怎么样?

- 订单的增减不仅会影响到整车组装厂和零部件供应商的产量,而且会影响到钢铁厂、橡胶厂、玻璃厂、纺织制品生产商和发电厂等一系列相关企业。在这个庞杂的系统中,

- 到处都有感知延迟、生产延迟、交货延迟和建设周期延迟。
- 让我们再考虑一下汽车生产和就业之间的关联。增加产量会提高就业人数，从而使更多的人有钱买车。这是一个增强回路，当然也可以往相反方向运转：产量减少，就业人数减少，购车需求降低。
- 再考虑一个增强回路。当投资者基于近期业绩，买进或卖出汽车制造商和供应商的股票，产量的提升必将导致股价的上涨，反之亦然。

这是一个非常庞大的系统，不同工业部门之间的关联，经由各种延迟相互影响，推动彼此的振荡，并被各种乘数效应和投机因素放大，这是商业周期形成的主要原因。虽然总统或政治领袖能通过很多手段抑制或强化经济回暖或衰退带来的乐观或悲观情绪，但这些周期并非源自总统。总之，经济是一个无比复杂的系统，充满各种调节回路和延迟，并且它们本质上就具有波动性。

双存量系统，强力提升我们的决策水平

系统 2.1：一个可再生性存量受到另外一个不可再生性存量约束的系统

典型代表：石油经济

到现在为止，我们所讨论的系统都没有考虑外部环境的约束。例如，在工业经济系统中，资本存量未考虑原材料对产出的限制；人口系统中，未考虑食物的限制；在温度调节器系统中，也未考虑火炉可能缺油。因为我们的目的是研究这些系统内在的动态性,所以在构建系统模型时进行了简化,没有考虑外部的约束。

但是,任何真实的实体系统都不是孤立存在的,其外部环境中都有各种相互关联的事物。

> 例如,一家公司离不开稳定的能源和原材料供应,离不开员工、管理者和顾客;成长中的玉米离不开水分、养料,也少不了昆虫的袭扰;一个生物种群会需要食物、水和生存空间,如果是人类,那还需要就业、教育、健康医疗和很多其他因素。任何使用能量和处理原材料的系统,都需要置放废弃物的场所,或者处置废弃物的过程。

因此,任何物理的、成长的系统,或早或晚都会受到某种形式的制约。**这些限制因素通常以调节回路的形式存在,通过某种方式——要么是提高流出量,要么是减少流入量,这些调节回路会取代驱动成长的增强回路成为主导性回路,从而阻碍系统的进一步成长。**

受限制的成长是非常普遍的,以至于系统思考专家将其当成一种"基本模型"[①],命名为"成长上限"(limits-to-growth)。所谓"系统基模",指的是一些常见的系统结构,可以产生一些人们熟悉的行为模式。在第5章,我们将介绍更多系统基模。每当我们看到一个成长的系统,不管是人口、一家公司,还是一个银行账户、一则谣言、一种流行病,或者新产品,我们都可以找出驱动其增长的诸多增强回路,也必然能找到最终限制其增长的调节回路。即使尚未占据主导地位,似乎还看

---

① 也可称为"系统基模",简称"基模",下同。——译者注

> **系统之思**
> THINKING IN SYSTEMS
>
> 在呈指数级成长的实体系统中，必然存在至少一个增强回路，驱动着系统的成长；同时，也必然存在至少一个调节回路，限制系统的成长，因为在有限的环境中，没有任何一个物理系统可以永远成长下去。

不到它们对系统行为的影响，但这些调节回路肯定存在，因为没有任何真实的物理系统可以永无止境地成长下去。

例如，再热销的新产品，也总会有市场饱和的一天；核反应堆或原子弹中的链式裂变反应威力再强大，也终将耗尽核燃料；再凶猛的病毒，总有一天也会无人可感染；再蓬勃发展的经济，也会受到实体资本或金融资本、劳动力、市场、管理、资源或污染等诸多条件的限制。

在我看来，资源与污染是一组相对的概念，正如作为存量流入量的资源有可再生性资源和不可再生性资源之分，污染的限制也有的是可修复的，有的是不可修复的。如果环境没有足够的能力吸收污染物，或使其无害化，污染就是不可修复的；反之，就是可修复的。因此，在这里我们所说的受资源约束的系统和受污染影响的系统具有相同的动态行为，只不过二者方向相反。

> **系统之思**
> THINKING IN SYSTEMS
>
> 发源于可再生性资源和不可再生性资源的限制性的调节回路，是有所区别的。区别不在于成长能否永远持续，而在于成长以何种方式终止。

限制因素对成长的限制有可能是临时的，有可能是永久性的。有时候，系统可以找到其他途径，暂时或相对长期地"绕过"限制因素，再次实现成长。但最终肯定会产生某种类型的调适，要么是系统适应了限制因素，要么是限制因素适应了系统，或者彼此相互适应。当这些调适出现时，可能会产生一些有趣的系统动态。

现在让我们看一个实例。假如有一个资本系统，通过提炼一种不可再生性资源来赚钱，例如一家刚刚发现了一个巨大新油田的石油公司，如图 2-23 所示。

图 2-23 看起来可能比较复杂，但它从本质上还是我们上面已经看到过的资本—增长系统，只不过用"利润"代替了"产出"。

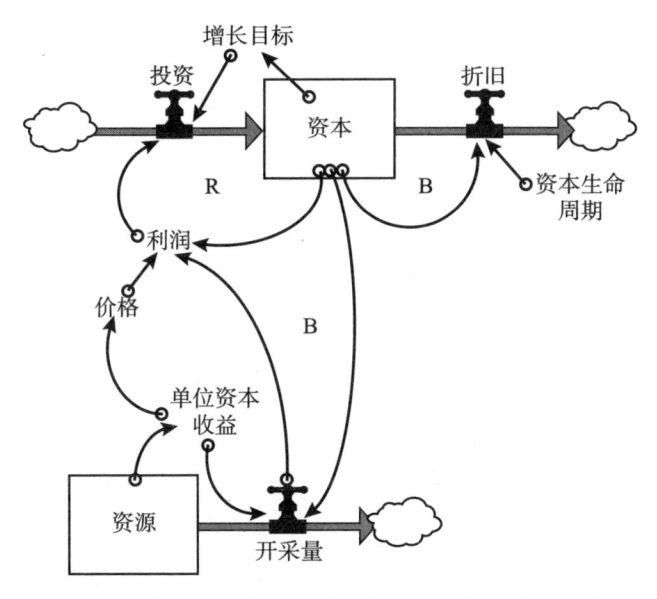

图 2-23　增强回路受到不可再生资源限制的经济资本系统

驱动折旧的调节回路大家已经熟悉了：资本存量越多，机器和工厂厂房的磨损和消耗越大，从而减少资本存量。在本例中，资本存量是开采和提炼石油的设备，按 20 年来提取折旧，这意味着每年有

1/20（5%）的存量会减损。石油公司会将获得的部分利润用于再投资，来提高资本的存量。所以，这里有一个增强回路：更多的资本存量可获得更多的资源开采量，创造更多的利润用于再投资。假设公司每年预计有 5% 的资本增长。如果当年利润不能支持 5% 的增长，则将全部利润均用于再投资。

利润等于收入减去成本。在本例中，我们将收入简化为石油价格乘以石油产量；成本等于资本总额乘以单位资本的运营成本（包括能源、劳动力、原材料等）。同时，为了简便起见，我们将价格和单位资本的运营成本都假定为常数。

我们未将单位资本的资源收益假定为常数，是因为这些资源是不可再生的，在这个例子中特指石油，随着石油开采量的增加，一口口油井终将枯竭，下一桶石油的获得将比上一桶更加困难。

对于石油存量来说，开采量是流出量，但是没有流入量来补给存量；剩余的资源要么埋藏得更深，要么浓度更低，或者开采难度更大。人们不得不更多地使用一些投入更多和技术更复杂的措施去获取该资源。

这是一个新的调节回路，并最终会限制资本的增长：资本越多，开采速度越快，从而资源存量越少。资源存量越少，单位资本的资源收益就越低，利润就越少（假设价格是常数），再投资比率就越小，资本的增长速度也会更低。我们假设资源枯竭会影响运营成本和资本效率。

在现实商业世界里的确如此，一些油田要么因运营成本过高，要么因资本效率过低而被废弃。无论哪种情况出现，后续的行为模式都是一致的。

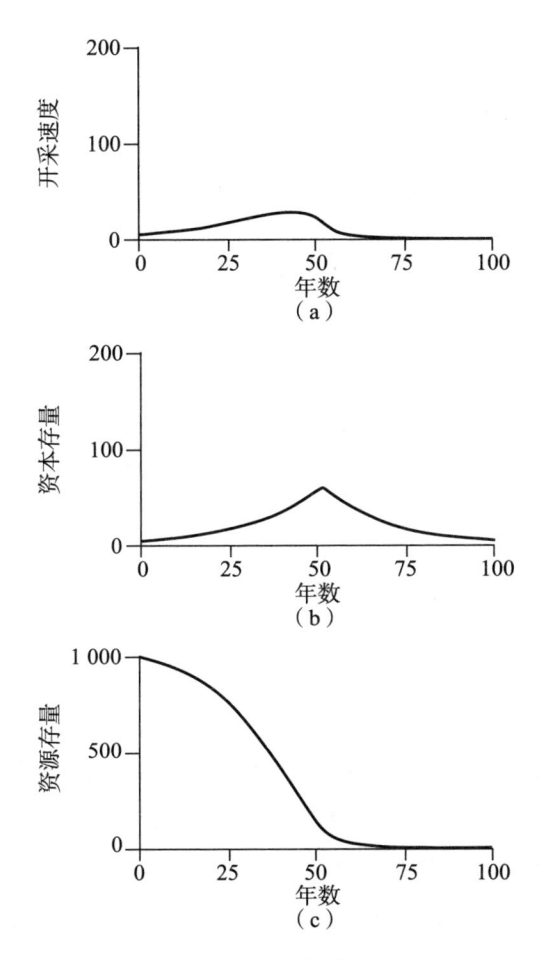

如图 2-24 所示,这是一个典型的衰竭行为。

图 2-24　资本积累得越多,资源枯竭得越快

注:开采(a)会带来利润,导致资本(b)增长,并将逐渐耗尽不可再生性资源(c)。

一开始,地下石油储量很充足,按最初的设计规模可开采 200 年。但是,由于指数级增长效应的影响,实际开采量在第 40 年左右达到顶

峰。按照每年10%的投资系数，资本存量和开采速度均每年增长5%，因此到第14年翻了一番。28年后，资本存量变成了原来的4倍，开采量却受单位资本产出率下降的拖累而未能同步增长。到第50年，资本存量的维持成本已经超过了从资源开采中获得的收入，因此利润不足以使投资增长的速度继续高于折旧的速度。很快，随着资本存量的衰减，运营也停止了。剩余的最昂贵的资源被长留在地下，因为从经济和商业的角度上看，把它们开采出来已经没有价值了（见图2-25）。

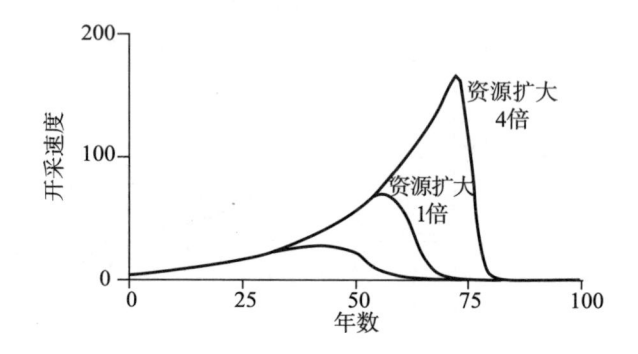

图2-25　资源存量每翻一番都只能使开采高峰期延长14年左右

如果资源的实际存量是最初估计的2倍或4倍，情况会怎么样？当然，石油开采总量会有很大差异，但在每年再投资率为10%、资本增长率保持5%的情况下，资源每翻一番只不过能使开采高峰期延长14年左右，与石油开采相关的产业、社区、就业等的繁荣期也相应延长14年而已。

如果你构建的资本存量依赖于一项不可再生性资源，那么它增长得越快，下跌得就可能越多、越快。在资源开采或使用量以指数级增长时，不可再生性资源存量翻番或扩大4倍，只能稍微延长一点开发的时间而已。

如果你一心只想在最大限度上开采资源赚钱，那么该系统中最重要的数字就是资源的最终规模。比如，你是一名油田或矿井上的工人，关心自己能工作多少年以及社区是否稳定，那么你最需要关注的两组数字是：资源的规模以及预期的资本增长率。（反馈回路的目标对于系统行为是很关键的，这就是一个很好的例子。）对于不可再生性资源的管理，是要快速致富、"过把瘾就死"，还是无须那么富有，但持续更久，这才是其面临的真正选择。

> 当一个变量以指数级增速逼近约束或极限时，其接近极限的时间会出乎意料地短。
>
> **系统之思**
> THINKING IN SYSTEMS

图 2-26 显示的是，假设扣除折旧后预期的年资本增长速度分别为 1%、3%、5% 和 7% 时，开采速度的变化情况。增长速度为 7% 时，设计开发周期为 200 年的油田，将在 40 年内到达开发高峰。**别忘了，你的决策不只会影响公司的利润，也会对社会和地区自然环境造成影响。**

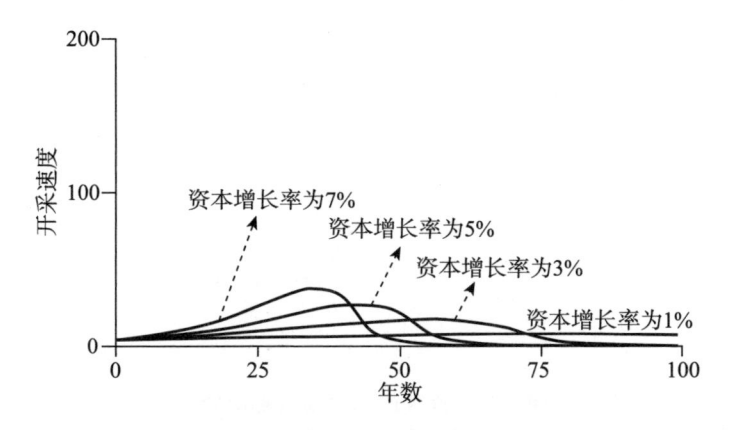

图 2-26 资本增长率与开采高峰的关系

注：再投资比例越高，开采高峰期到来得越快。

之前讲过，为了简化，我们假设价格是常数。但是，如果价格是变动的，情况会怎么样呢？假设短期内资源对消费者很重要，价格过高也不会减少需求。在这种情况下，随着资源日渐稀缺，价格会快速升高，如图 2-27 所示。

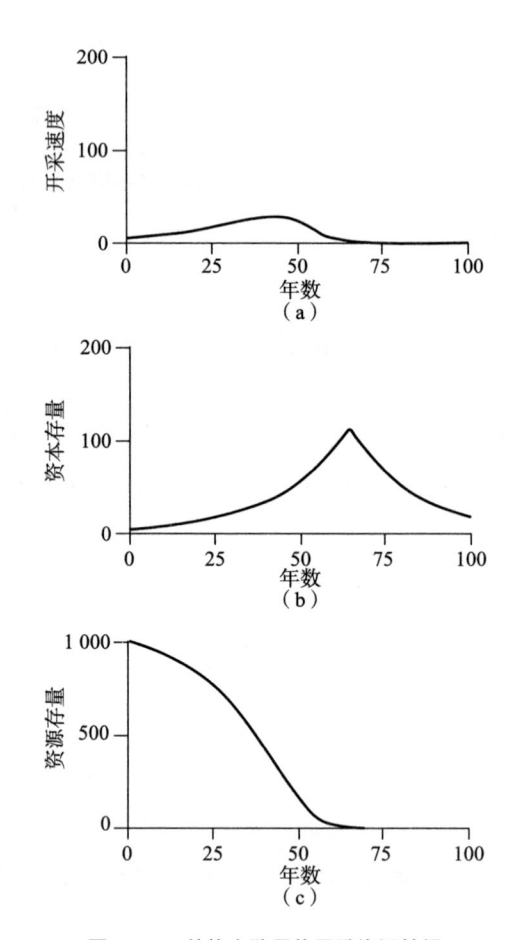

图 2-27　价格上涨最终导致资源枯竭

注：价格上涨增强了资源的稀缺性，有更多的利润用于再投资，使得资本存量（b）变得更大，并使开采时间（a）更长，结果是资源存量（c）被快速耗尽。

价格越高，公司的利润就越高，所以投资增加，资本存量持续上升，而且开采成本更高的剩余资源也可能被开采出来。对比图 2-27 和图 2-24 可以发现，价格上涨的主要结果是让你积累更多的资本存量，但不能避免最终的崩溃。

顺便提一下，如果价格不上涨，而是技术进步使得运营成本降低，也会导致相同的行为结果。例如，人们发明了一种先进的油井回收技术，或者一种能从接近枯竭的铁矿中提取低等级铁矿石的精选过程，或者一种可以从金或银的尾矿中提取贵金属的氰化物萃取方法，这时就可能出现类似情况。

我们都知道，单个的矿山、化石燃料沉积层和地下蓄水层都可能枯竭。世界上有很多被废弃的矿业城镇、油田，它们都可以验证我们上面所探讨的情况。那些能源企业也知道这种系统动态行为，所以当它们在一个地方正常运营但发现资本效率开始降低时，就会转到其他地方投资，以发现和开发另外一处资源储藏地。但是，如果存在地域限制，这些公司最终会展开全球性运作吗？这个问题就留给各位读者去判别吧。

也许，我们应该尝试建立一个完全依靠可再生性资源的经济体系了。

> 根据资源耗尽的动态行为特征，初始资源存量越大，新发现的存量越多，驱动成长的增强回路比限制性的调节回路影响力大的时间就越长，导致资本的存量越高，开发速率越快。然而，一旦生产高峰过去，经济衰退也开始得更早，速度更快，而且幅度也更大。
>
> 系统之思
> THINKING IN SYSTEMS

系统 2.2: 有两个可再生性存量的系统

典型代表：渔业经济

假设在上文所述的资本系统基础上，我们给资源存量增加一个流入量，使其成为可再生性资源。在这个系统中，可再生性资源是鱼，资本存量是渔船。类似的系统还有很多，例如树木与伐木场、牧场与奶牛等。

- 有生命的可再生性资源，如鱼、树木、草等，可以经由一个增强回路实现自我再生。
- 无生命的可再生性资源，如阳光、风、河水等，不依靠增强回路实现自我再生，不管存量的当前状态如何，它们都有稳定的补给输入来源。
- 感冒病毒的传染也具有相同的"可再生性资源系统"结构，对于病毒感染来说，易感人群是可再生性资源存量。日用品的销售也是一个可再生性资源系统，潜在消费者是可再生性资源存量。类似的情况还有，虫害只能损害部分农作物，而不能完全摧毁农作物，作物可以再生，而昆虫可以吃得更多。

在所有这些案例中，都有一个流入量在不断补给受约束的资源存量，如图 2-28 所示。

我们以渔业为例。首先，再次假设资本的生命周期为 20 年，每年产业增长率维持在 5%。其次，和不可再生性资源一样，我们假设随着渔业资源变得稀缺，捕捞所消耗的资本也就越多。比如说，需要用可以航行更远距离并安装了声呐设备的大吨位渔船搜寻最后的鱼群；要用数千米长的漂网捕捉鱼群；还要在船上配备冷冻系统，好将其从遥远的海上带回港口。所有这些都需要花费更多资本。

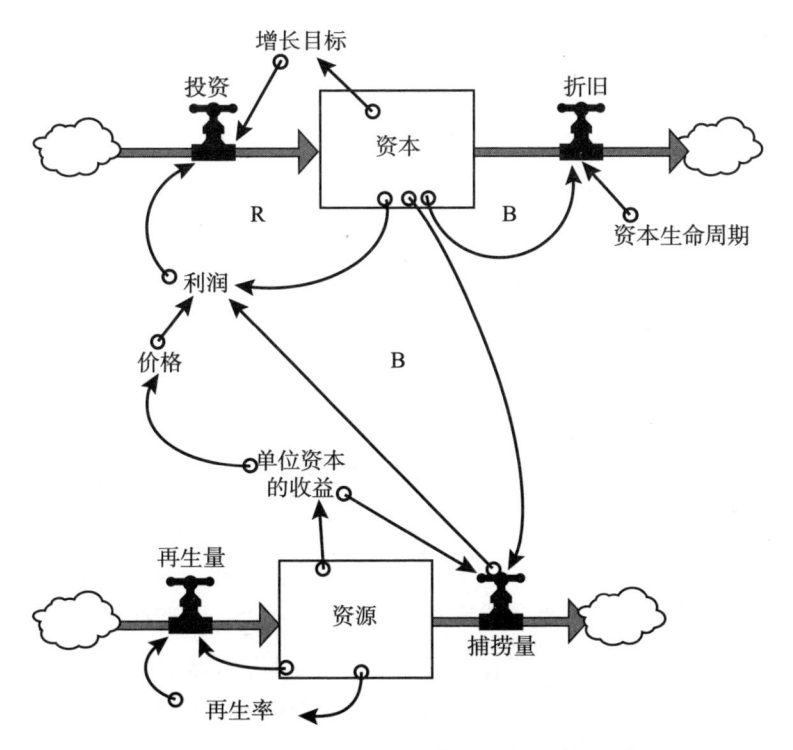

图 2-28 增强回路受一种可再生性资源约束的经济资本

鱼的再生率不是常数，而要依赖于同一海域中鱼的数量，也就是鱼群的分布密度。如果鱼群密度很大，由于受到食物和栖息地的限制，再生率会接近于零，而随着密度的降低，鱼群的再生速度会加快，因为有更多的食物或更大的空间可供利用。但是，到了某个点时，鱼群再生率会达到最高峰。超过这个点，如果鱼群数量继续减少，鱼群繁殖速度不是越来越快，而是越来越慢。这是因为每条鱼都很难再找到同类，或者也可能是因为另外一个物种侵入了它们的领地。

这一简化的渔业经济模型受到三种非线性关系的影响：价格、再生率、单位资本的收益。价格取决于鱼的种类和数量——越稀少的鱼，价格越高；再生率取决于鱼群的密度——鱼群密度越低，鱼的繁殖率越低，但是鱼群密度过大，鱼的繁殖率也越低；单位资本的收益取决于捕鱼技术和实际操作的效率。

这一系统可以产生很多种不同的行为模式，图2-29是其中之一。

从图2-29中可见，一开始资本和捕捞数量呈指数级增长，鱼群数量（资源存量）则快速下降，但这提高了鱼群的再生率。在其后的数十年中，资源再生数量可以应付呈指数级增长的捕捞量；但最后，由于捕捞量增长太快，鱼群数量下降到降低了船队的利润率。这形成了一个调节回路，使得投资率迅速减少，从而又使船队和鱼资源之间达到平衡。船队到达一定规模后，不能永远扩大下去，但是可以一直保持较高且稳定的捕捞量。

> 不可再生性资源主要受限于存量。所有存量一次到位，然后可以以任何速度被开发使用（主要受限于开采资本）。由于存量是不可再生的，开采速度越快，资源的生命周期就越短。
>
> **系统之思**
> THINKING IN SYSTEMS

然而，只要对单位资本收益做很小的调整以改变调节回路的控制力度，就能产生显著的差异。假设人们为了提高捕捞量发明了一种改进船只效率的技术，例如通过更好的声呐设备去寻找更稀少的鱼群。

这样，即使鱼群减少了，也能使每一艘船维持其原有捕捞量的时间稍微长一点（见图 2-30）。

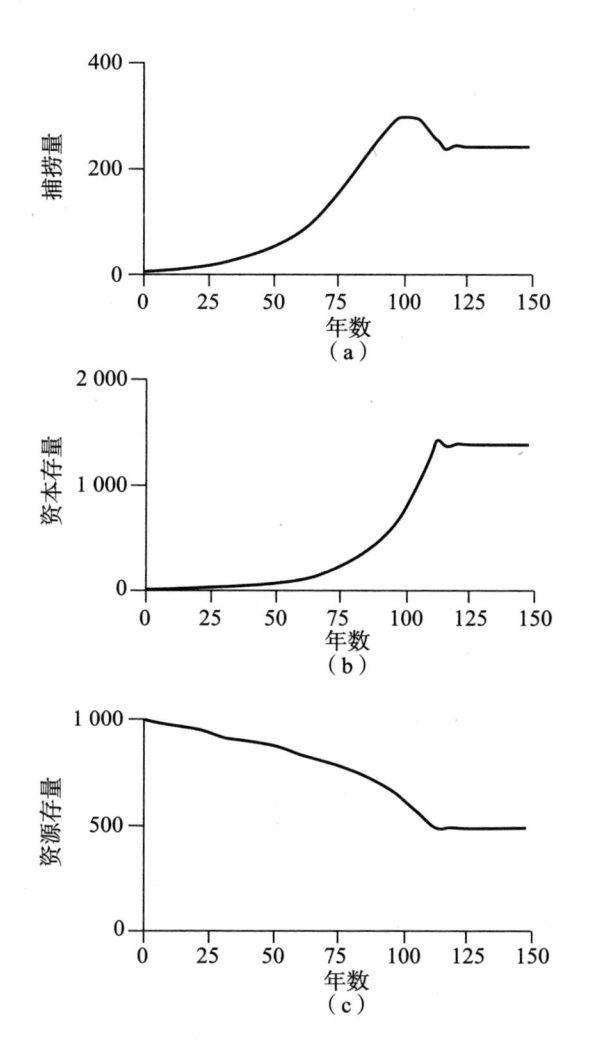

图 2-29 捕捞量、资本存量及资源存量的关系

注：每年捕捞量（a）产生的利润，推动资本存量（b）的增长，在稍微过量增长之后，捕捞量趋于稳定，也导致资源存量（c）保持稳定。

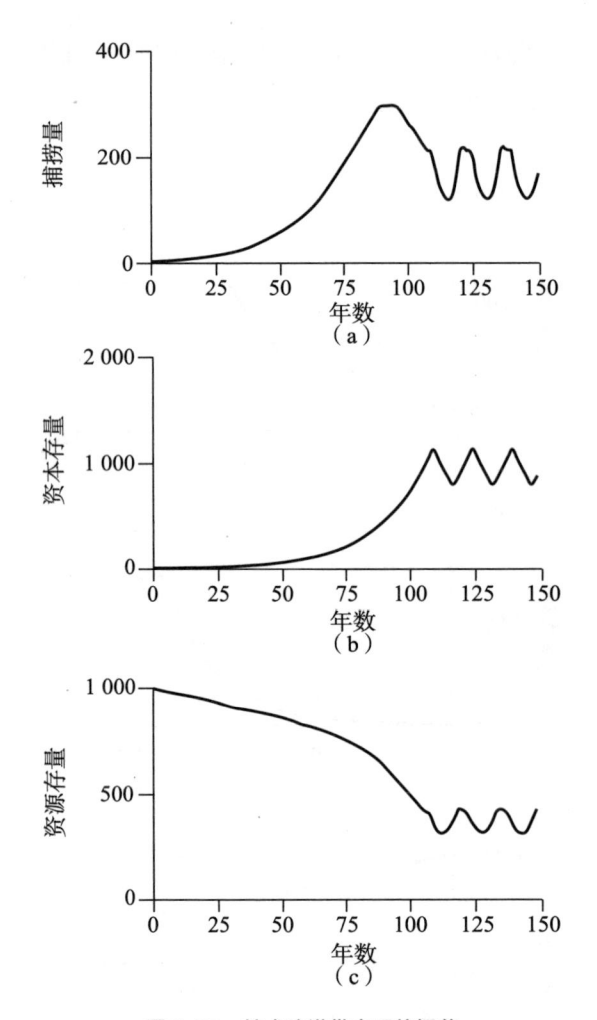

图 2-30 技术改进带来系统振荡

注：单位资本的收益稍微升高一些，例如提高技术效率，都会造成捕捞量（a）、资本存量（b）和资源存量（c）在一个稳定的数值附近出现过度增长或振荡。

即便捕鱼技术提高，船只可以在鱼群密度很低的情况下更为经济地维持运作，其结果也只会导致鱼和捕鱼业接近彻底消亡，海洋变成荒漠，鱼从实用性目的来看，也逐渐变成了不可再生性资源。图2-31 显示的就是这一情景。

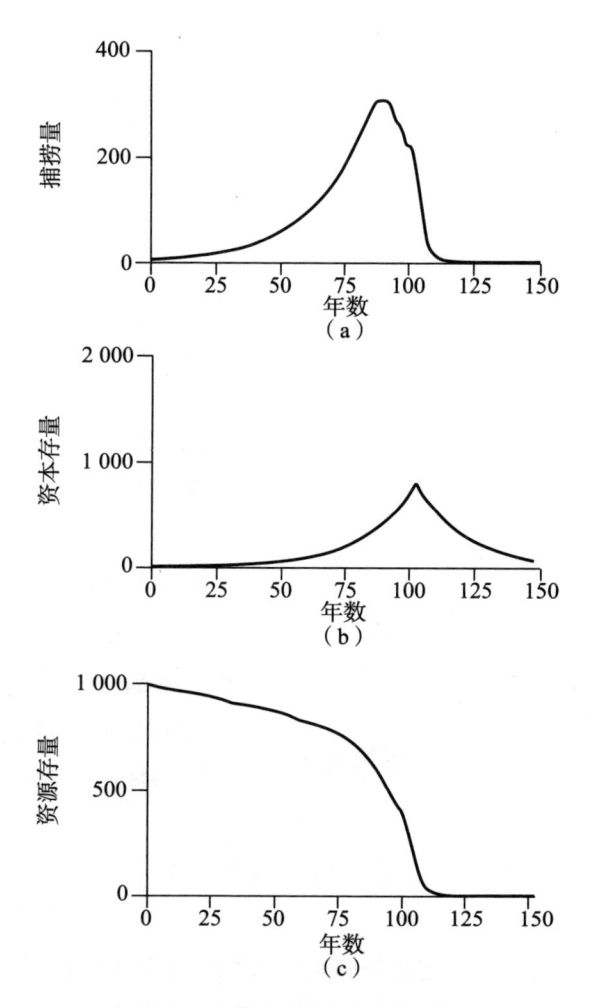

图 2-31　技术进步最终导致崩溃

注：单位资本收益上升得越高，越会造成捕捞量（a）、经济资本（b）和资源存量（c）的过度增长和崩溃。

与我们这里所讨论的简化模型相比，在很多开发可再生性资源的真实的经济系统中，一旦由资本驱动的开发行为消失了，仅存的少量资源也有可能恢复再生。数十年之后，同样的故事又会再次上演。人们已经观察到一些循环周期很长的可再生性资源，例如新英格兰的伐木工业，从成长、过度砍伐、崩溃，到资源的逐渐再生……现在已是第3个循环了。但是，并不是所有的可再生性资源都是如此。由于科技和开发效率的提升，越来越多的资源趋于枯竭，无法再生。

可再生性资源能否在过度开发中幸存，取决于在资源严重衰竭的那段时间发生了什么。例如，鱼群数量变得很少时，它们就会非常脆弱，一次污染、一场龙卷风或者基因缺乏多样性，都可能使鱼群彻底灭绝。再如，对于森林和草场资源，裸露的土壤很容易被侵蚀。生态环境中的其他竞争者也有可能"乘虚而入"，侵入这一几乎无人占领的小生境。当然，条件合适时，几近枯竭的资源也有可能存活下来，并再次繁衍、生息。

> **系统之思**
>
> 可再生性资源主要受限于流量。只要开发（流出量）的速度等于资源再生（流入量）的速度，它们就可以被无限开采；如果开发的速度快于再生的速度，资源存量最终可能低于某个关键转折点，从而转变为"不可再生性资源"，逐渐耗尽。

在这里，我展示了可再生性资源系统的3种行为模式：

- 过度开发，然后逐渐调整至相对稳定的平衡状态。
- 过度开发，超出均衡状态，之后在均衡值附近上下振荡。
- 过度开发，导致资源枯竭，产业崩溃。

不管是可再生性资源,还是不可再生性资源,物质的存量都不可能永远增长,但是二者对于系统的限制,从系统的动态行为上看是非常不同的。之所以会有差异,是因为存量和流量的不同。

对于所有复杂的系统来说,判断系统未来行为走势的诀窍在于,了解什么样的系统结构包含哪些可能的行为,以及什么状况或条件可以触发这些行为。换句话说,如果有可能,我们可以调整系统结构和相关条件,从而减少破坏性行为发生的概率,增加有利行为出现的概率。

实际会出现哪种结果,取决于两方面:第一,是否超出关键转折点。一旦超出关键转折点,资源种群实现再生的能力就会被破坏;第二,在资源逐渐衰减的过程中,抑制资本增长的调节回路的速度与有效性如何。如果该调节回路可以在资本增长超出关键转折点之前快速起作用,那么整个系统就能平滑地到达均衡状态;如果该回路速度比较慢,也不够有效,系统就会振荡;如果该回路非常弱,即使资源已经降低到难以再生的水平,资本也仍在持续增长,那么最终的结果是,资源和产业都将崩溃。

系统之思
THINKING IN SYSTEMS

THINKING IN SYSTEMS

第二部分
系统思考与我们

THINKING IN SYSTEMS

第 **3** 章

系统之美，
系统的3大特征

如果土地的运行机制作为一个整体是良好的,那么它的每个部分都是好的,不管我们是否理解;如果生物圈在演进的过程中,已经建立了我们喜欢但不了解的东西,那么只有傻瓜才会丢弃那些看似无用的部件。一个精明的修理工,首先想到的是保留每一个齿轮和车轴。

———

奥尔多·利奥波德(Aldo Leopold)
生态学家

我们在第 2 章介绍了几种简单的系统，它们有着不同的结构，因而呈现出不同的行为模式。其中有一些系统是非常优雅的，即使受到各种限制，依然在这个充满斗争的世界中顽强地生存着，保持从容与淡定，执着地从事着它们的工作，包括保持室温、开采油田，或者在渔业资源和船队规模之间保持平衡等。

如果受到太大的冲击，系统可能会四分五裂，或表现出我们未曾见过的行为。但是，总的来说，它们都应对得很好。**这就是系统之美：它们运作得如此精妙，各种机能和谐运行。**想象一下，一个社区在应对风暴时的景象，人们持续地救助受难者，各种智慧和技能都涌现出来，如同一个上足了发条、高速运转的机器。等灾情过后，一切又恢复如常。

为什么系统会运作得如此精妙？请选定一个你熟悉的高效运作的系统，比如一台机器、一个社区或者生态系统，并认真观察它的特征。你很可能会看到以下 3 个特征中的一个或几个：**适应力、自组织和层次性**。

适应力,系统运作的基础

如果系统被恒定状态所禁锢,它就很难成长和进化。

C. S. 霍林（C. S. Holling）

生态学家

"适应力"（resilience）在工程学、生态学或系统科学领域有很多种定义。要满足我们的目的,字典里最普通的解释就够了:

- 如果形容一个物体,适应力指的是其在被按压或拉伸之后,能够恢复到原有形状、位置的能力。
- 如果形容一个人,适应力指的是他快速恢复的能力,包括力量、精神、心情或其他方面。
- 基于这些定义,系统的适应力指的是系统在多变的环境中保持自身存在和自我维系的能力。与适应力相对的是脆弱性或刚性。

> **系统之思**
> THINKING IN SYSTEMS
>
> 系统之所以会有适应力,是因为系统内在结构存在很多相互影响的反馈回路,即使系统遭受巨大扰动,这些反馈回路仍然能够以多种不同的方式使系统恢复至原有状态。

一个单一的调节回路会驱动系统存量达到预期状态,存在多个类似回路的系统则会显现出适应力,因为这些回路以不同的机制起作用,有不同的时间周期,也存在一定冗余——如果其中一种机制失效了,另外一种就可以补位。

如果有一组反馈回路可以自我修复或重建，系统的适应力就比较强，也可称为"**元适应力**"（meta-resilience）。被称为"**元元适应力**"（metameta-resilience）的更强的适应力，往往源自有更强复原能力的结构，它可以学习、创造、设计和进化。这类系统具有很强的自组织性，这也是系统的基本特征之一。

人体就是一个令人称奇的、具有很强适应力的系统。它可以抵御成千上万种有害物质的入侵，可以适应各种不同的温度以及差异很大的食物，可以根据需要调整血液供应，可以愈合创伤，可以加快或减慢新陈代谢速度，甚至可以在一些器官受损或缺失的情况下做出适当的弥补。在自组织系统的基础上增加智能性，就可以实现学习、交际、设计等过程；再加上器官移植技术，我们就可以极大地提高人体的适应能力。当然，这不是无限的，因为至少从现在看来，人体自身加上人工智能也无法实现长生不老，任何人或器官最终都难逃死亡的宿命。

> 适应力总是有限度的。有适应力的系统可能是经常动态变化的。相反，一直保持恒定的系统恰恰是不具备适应力的。
>
> **系统之思**
> THINKING IN SYSTEMS

生态系统也具有相当强的适应力，多个物种相互依存，在同一片蓝天下迁徙，随着天气的变化、食物的丰俭以及人类活动的影响而繁衍兴旺或衰败消亡。很多种群和整个生态系统都具有令人难以置信的丰富基因及变异能力，它们也因此具备"学习"和进化的能力。如果时间足够久，它们就可以塑造出一个全新的系统，以充分利用各种变动的机会，获得生存支持。

适应力与一直保持静止或恒定是不同的。**有适应力的系统可能是经常动态变化的**。事实上，短期的振荡、阶段性的发作，或者周期性的兴衰、高潮与崩溃，都是正常状况，而适应力可以使其复原。

相反，一直保持恒定的系统恰恰是不具备适应力的。因此，区分静态的稳定和适应力非常重要。静态的稳定很容易被观察，它是以系统状况在一周或一年内的变动来衡量的。而适应力则很难被观察到，除非超出限度、调节回路受到冲击或破坏，或者系统结构被破坏。如果没有完整的系统视角，就不太容易看出适应力。实际上，人们经常为了稳定或者提高生产率等目的而牺牲系统的适应力，有时候也可能会为了其他一些更容易被识别的系统特征而破坏系统的适应力。

- 给奶牛注射转基因的生长激素可增加牛奶的产量，却不会相应地增加奶牛的食物摄入量。该激素可以将奶牛的其他一部分身体机能的新陈代谢能量转化为产奶。虽然这样做可以增产，但代价是降低了奶牛的适应力，使奶牛的健康状况恶化，寿命缩短，更加依赖人类的管理。
- 近年来一些企业推出"准时供货"模式，将部件及时配送给制造商、产品及时配送给零售商，这降低了库存的波动，减少了成本。然而，这种模式也使生产系统更加脆弱，使其更容易受原材料供应、交通流量、计算机瘫痪、劳动力短缺或其他问题的影响。
- 在欧洲，数百年来对森林的严格管理，已经逐渐将自然的原生林替换为单一树龄、单一树种的人工林，有的甚至大多不是本地树种。这样的森林管理模式可以产出更多更适合制造纸浆的木材。但由于缺乏多个物种之间的相互作用、交替荣枯，导致土壤贫瘠，从而使得森林更为脆弱。

此外，它们似乎对一种新的侵害更为敏感：人类工业或生产活动造成的空气污染。

对于人类来说，很多慢性疾病，如癌症、心脏病等，都源自人体适应力机制的崩溃，这类机制可以修复 DNA、保持血管的弹性，或者控制细胞分裂。对于生态系统来说，很多生态灾难的发生也是因为适应力的丧失，例如一些物种的消失、土壤生化机制的破坏或者毒素的积累等。同样，各类大型组织（如企业、政府等）适应力的丧失，也是因为其对环境的感知和响应机制、反馈过程过于冗长、低效，要么存在很多层级，要么有很长的延迟或信息失真。稍后，我们会在讨论组织层级时对此进行探讨。

我认为，适应力是系统运作的一个基础，正是因为适应力的存在，系统才可以正常地发挥和维持各种功能。 因此，一个有适应力的系统就是一个大平台，在该平台支撑起来的空间里，系统可

> 不能只是关注系统的生产力或稳定性，也要重视其适应力，即自我修复或复位的能力，战胜干扰、恢复机能的能力。
>
> **系统之思**
> THINKING IN SYSTEMS

以自由地驰骋，一旦接近危险边缘，就会遇到一堵柔软的、有弹力的"墙"将其反弹回来。随着系统适应力的下降，支撑的平台就会变小，那道保护墙也会变矮、变硬，直到系统如同运行在刀尖上，只要有一点震动，就随时可能坠落。因为人们通常更加关注系统的运作方式，而忽视了其运作的空间，所以，在一般人看来，适应力的丧失似乎是突然来临的，是一种意外。但在此之前，系统其实早已千疮百孔。

当你认识到适应力的重要性，你会找到很多方法去保持或增强系

统自身的康复能力。

例如，在农场中鼓励发挥自然生态系统的作用就蕴藏着这种认识，这么做捕食者就可以有效地控制害虫数量；整体论的养生保健方式也体现了这样的认识，它不仅治疗疾病，也会增强人体自身的免疫力；同样，在积极的救援项目中也包含了这样的认识，救援者不只是简单地提供食物或金钱，而是努力创造条件，让人们可以自给自足。

自组织，塑造与生成新结构

> 进化看起来并不是只由地球历史上的环境变化和由此产生的生存竞争所引起的一系列意外事件，而是由特定的规则控制的，揭示这些规则是人类未来最重要的任务之一。
>
> **路德维格·冯·贝塔朗菲（Ludwig von Bertalanffy）**
> 生物学家

一些复杂系统最令人称奇的特征，就是它们具有学习、多元化、复杂化和进化的能力。依靠这些能力，单个受精卵经过不断生长、分化，最终进化成一只成年青蛙、一只鸡或者一个人，体现了令人难以置信的复杂性。依靠这种能力，大自然中的一抔泥土有机质也能滋养出不计其数、多姿多彩的生命物种。依靠这种能力，人类社会开始燃烧煤炭，发明蒸汽机、水泵，进行专业化分工，并最终进化出大规模流水线生产、摩天大楼，以及全球化的通信网络。

系统所具备的这种使其自身结构更为复杂的能力，被称为"自组织"（self-organization）。无论是一片雪花，还是窗户上的冰晶，或者是过饱和溶液的结晶体，从它们身上我们都可以看到自组织的工作原理和机制。但是，大自然中还包含着一些更为复杂的自组织过程，比如一颗种子生根发芽，一个孩子学会讲话，或者一个社区里的居民自发地联合起来反对倾倒有害垃圾等。

对于一个有机系统而言，自组织是一个非常普遍的特征，以至于很多人认为这是理所当然的。否则，我们就有可能被周遭世界中纷繁复杂的系统搞得眼花缭乱。如果能对自组织特征引起重视，我们就会更加鼓励而非破坏系统的自组织能力，而我们自己正是这个系统的一部分。

与适应力相似，人们也经常会为了追求短期生产力和稳定性而牺牲掉系统的自组织特征。例如，把有创造力的人当作生产过程中的机械化附属品；减少农作物的基因多变性；为了建立官僚政治和理论体系，将人等同于数字。

自组织特征会产生异质性和不可预测性：它有可能演变出全新的结构，发展出全新的行为模式。它需要自由和试验，也需要一定程度的混乱。但是，这些状况可能令人恐慌，或者威胁到现有的权力结构。结果，教育体系往往会限制儿童的创造力，而不去激发这种能力；经济政策往往倾向于支持知名大企业，而不是鼓励创新型的创业企业；同时，很多政府也不喜欢人民过于自治。

幸运的是，自组织作为有机系统的一个基本特征，对于大部分冲击力都有一定免疫力。尽管能以法律和维持秩序的名义，长期压制、残酷打击自组织，但它不可能被彻底消灭。

过去，一些系统理论研究者认为自组织是系统的一种复杂特征，不可能被完全理解，人们也曾运用计算机建模技术去模拟一些系统，主要针对的是一些内在作用机理清晰、可以定量描述的系统，而不是一些可以进化的复杂动态系统，因为人们会主观地认为后者不易理解。

然而，新的发现表明，仅用一些简单的组织原则，就可以生成非常多样化的自组织结构。

想象一个等边三角形，在每一条边的中间增加另外一个等边三角形，其面积是前者的1/3；依此类推，得到的图形被称为"科赫雪花"（Koch snowflake），如图3-1所示。它的边长很长，但可以被包围在一个圆圈之中。这种结构只是分形几何学的一个简单范例，这是数学和艺术的一个交叉领域，它通常使用一些相对简单的规则来形成精美的形状。

与此类似，基于一些简单的分形规则，使用计算机就可以生成各种精致、优美、复杂的类似蕨类植物的形状。同样，虽然单个受精卵细胞裂变、生长成人的过程非常复杂，但其中也可能包含一系列类似的、相对比较简单的几何规则。例如，在人体肺部，肺细胞按照分形几何学的规则排列，如果把所有肺细胞展开的话，其表面积足以覆盖整个网球场。

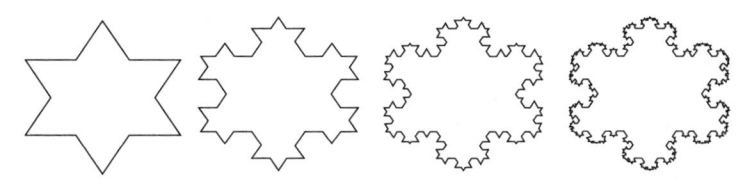

图 3-1 "科赫雪花"的演变

注：即使像"科赫雪花"这样精美、复杂的图形，也可以由一组简单的组织原则或决策规则进化而成。

以下是其他一些例证：

- 所有生命都是基于DNA、RNA和其他蛋白质分子等遗传机制中内含的基本组织规则繁衍生息的，从病毒到红杉树林，从变形虫到大象，均是如此。

> 系统通常具有自组织的特征，具有塑造自身结构、生成新结构、学习、多样化和复杂化的能力。即使是非常复杂的自组织形式，也有可能产生于相对简单的组织规则，当然，也可能并非如此。
>
> **系统之思**
> THINKING IN SYSTEMS

- 农业的发展和相关机制都始于一个简单而惊人的创意，即人类可以在一个地方定居下来，拥有土地，并选择和培育作物。
- "上帝创造了万物，大地居于它的中心；城堡位于大地的中心；有宗教信仰的人类位于城堡的中心。"——这是中世纪欧洲人眼中的社会和物理结构的组织原则。
- "上帝和道德准则都过时了，人们应该客观且信奉科学，应该拥有并增加生产方式，应该把人和自然都视作生产的工具。"——这是工业革命时期的组织原则。

现代科学证明，自组织系统源自一些简单的规则，衍生出多种多样的技术成果、物理结构、组织和文化。科学本身也是一种自组织系统，它倾向于认为，这个纷繁复杂的世界，往往生成自一些简单的规则。当然，究竟是否如此，科学到现在为止仍然未能给出答案。

层次性，帮系统更好地完成工作

因此，自然主义者观察到，
一只跳蚤会猎食比它更小的跳蚤；
更小的跳蚤仍然会猎食比它更小的东西；
如此反复，以至无穷。

乔纳森·斯威夫特（Jonathan Swift）
18世纪英国诗人

在新结构不断产生、复杂性逐渐增加的过程中，自组织系统经常生成一定的层级或层次性。

人们一般认为，一个大的系统中包含很多子系统，子系统又可以分解成更多、更小的子系统。例如，你体内的细胞是某个器官的子系统，而那个器官又是你身体这一有机系统中的子系统，而你自身又是一个家庭、一支球队或一个乐队的子系统，而它们又是一个城镇、城市、国家、全球社会经济系统、生物圈系统的子系统。**系统和子系统的这种包含和生成关系，被称为层次性。**

很多事物，如公司、军队、生态系统、经济体系、有机体等，都具有层次性。这并不是偶然的。如果各个子系统基本上能够维系自身，实现自我管理、自我修复，并服务于一个更大系统的需求，而更大的系统也能调节并强化各个子系统的运作，那么就产生了一个稳定的、有适应力的、有效率的结构。如果没有类似关系，很难想象系统最终会演变成什么样子。

系统寓言

THINKING IN SYSTEMS

为什么事物的组织呈现层次性

从前，有两个钟表匠，一个叫霍拉（Hora），一个叫坦帕斯（Tempus），他们都能制造精致的钟表，也都有很多顾客。他们店里的顾客总是络绎不绝，顾客打来的电话响个不停，新订单源源不断。然而，多年以后，霍拉变得很富有，坦帕斯却越来越穷。这主要是因为，霍拉发现了层次性原则。

霍拉和坦帕斯制造的手表都由近千个零件组成，坦帕斯依次组装这些零件，但是，在组装过程中，如果他不得不放下手头的活去干其他事，比如去接个电话，半成品就会散成一堆零件；等他回来后，就只好从头开始组装。因此，顾客的电话越多，他就越难找出一整段不被打扰的时间来完成一只手表的组装工作。

霍拉制造的手表也同样复杂，但他会先把大约 10 个零件组装成一个稳定的部件，然后把十个部件组成一个更大的集合；最后只要把这些组件装在一起，一只手表就做好了。即使霍拉也和坦帕斯一样，不得不放下手头的活去接听顾客的电话，这也只会影响到他手头很小一部分工作。这样，他就能比坦帕斯更快、更有效率地制造手表。

只有存在稳定的中间形式，一些简单的系统才能进化成复杂的系统。这样形成的复杂系统，天然地就具有层次性。这或许可以解释为什么在自然系统中，层次性比比皆是。在所有可能存在的复杂形式中，层次性结构是少数几种随时间而进化的结构之一。

> 层次性是系统的伟大发明，不只是因为它们使系统更加稳定、更具适应力，而且因为它们减少了系统各部分必须跟进的信息量。
>
> **系统之思**
> THINKING IN SYSTEMS

在具有层次性的系统中，各个子系统内部的关联要多于并强于子系统之间的关联。 虽然每件事物都和其他事物存在关联，但不同关联的强度并不一样。例如，在一所大学中，同一个院系的人会更加熟悉，交流更多，与其他院系的人交流通常较少；组成肝脏的细胞，彼此之间存在更加密切的关联，而它们与组成心脏的细胞之间关联就较少。如果每个层次内部和层次之间的信息连接设计合理的话，反馈延迟就会大大减少，没有哪个层次会信息过载。这样，系统的运作效率和适应力就得以提高。

在某种程度上，层级系统是可以被拆解的。由于各个子系统内部存在较为紧密的信息流，在被拆开之后，也至少可以像系统一样发挥部分作用。当层次被打破之后，子系统之间的边界通常被割裂开来。将系统不同层次拆分开，我们可以分别对其组成部分（如细胞或器官）进行更为深入的研究，从而增加对系统的了解。因此，系统思考者会说，这种对常规科学的还原式拆解让我们学到很多东西。但是，我们不能忽视各个子系统之间的重要关联，以及它们与更高层级的关联，否则你会大吃一惊。

假设你得了肝病，医生通常会针对你的肝脏进行治疗，而不会太关心你的心脏或扁桃体（因为它们处于同一个层级上），也不会考虑你的个性（要提升一到两个层级）或者肝脏细胞核里面的 DNA（要调低几个层级）。但是，当然有很多例外，也许的确需要退一步去考虑整个层级结构，或许是你的工作使你长期接触某种化学物质，从而损害了肝脏的健康，或许你的肝病要归因于 DNA 功能障碍。

随着时间的推移，自组织系统可以进化出新的层次，形成新的整合方式，因此，你要考虑的因素也要随之调整。比如，过去的能源系统几乎是相互割裂的，但现在完全不一样了。如果人们的思维没有随着能源经济的快速发展而进化，人们就会惊讶地发现他们已经如此依赖从世界各地运输而来的资源以及各国的决策。自组织系统可以形成层次，你可以在很多地方观察到类似过程。

一个自由职业者如果工作量太大，就会雇用一些帮手。一些小型的、非正式的非营利性组织，在吸引很多会员后就会扩大预算，直到有一天，会员们会说："嘿，我们需要有人来组织一下。"一群正在分裂的细胞分化出特殊功能，并产生一个分支循环系统以支持这些细胞，以及一个分支神经系统来协调这些细胞。

层次是从最底层开始向上进化的，从局部发展到整体，从细胞发展到器官和有机体，从个人发展到团队，从实际生产发展到生产管理。早期的农民聚居起来，形成城市，是为了自我保护以及更有效地发展贸易。生命起源于单细胞细菌，而不是大象。**层次性原本的目的是帮助各个子系统更好地完成工作，只是对于一个连接紧密的层次而言，层次越高和越低，都越容易忘记这一目的。** 因此，很多系统因为层次的功能失调，而不能实现预定目标。

如果团队成员过分追求个人荣誉，而忽视了团队整体的目标，就可能造成团队失败；如果身体里的一些细胞脱离该层次应有的功能，开始快速繁殖，就会导致人们常说的癌症；如果学生认为其目的是尽可能获得高分，而不是获取知识，就有可能出现考试作弊或其他适得其反的行为；如果公司为了自己的利益而向政府部门行贿，市场竞争秩序和整个社会的公共福利就会受到损害。

当某个子系统的目标占了上风，并以牺牲整个系统的目标为代价，我们将这样的行为称为"**次优化**"。

当然，与次优化同样有害的问题是过度的中央控制。如果大脑直接控制身体的每一个细胞，导致细胞不能实现自我维持功能，整个有机体就会死亡；如果大学的主要规则条例直接决定每一位学生和老师的专业或研究方向，学生和老师就不能自由地探索自己感兴趣的知识领域，那便没有实现大学办学的目的；如果球队的教练干涉一名优秀球员在场上的判断，那将有害于整个球队。在历史上，当权者对经济的过度控制，无论是公司还是国家，都引发过大灾难，这样的例子比比皆是。

要想让系统高效地运作，层次结构必须很好地平衡整体系统和各个子系统的福利、自由与责任。 这意味着，既要有足够的中央控制，以有效地协调整体系统目标的实现，又要让各个子系统有足够的自主权，以维持子系统的活力、运转和自组织。

适应力、自组织和层次性是动态系统有效运作的 3 个原因。 促进或管理系统的这 3 种特征，可以增强其长期有效运作的能力，使其具备可持续性。但是，别忘了，系统行为也可能充满意外。

> 具有层次性的系统是自下而上进化的，上一层级的目的服务于较低层级的目的。

THINKING IN SYSTEMS

第 **4** 章

系统之奇,
系统的6大障碍

麻烦的是，我们无知得骇人，即使最博学的人也是无知的……知识获取从本质上看永远都是在破除无知，获得一些启示。我们关于世界的知识，首先告诉我们的就是，世界远比我们对它的认识更复杂。

―――――

温德尔·贝里（Wendell Berry）
美国肯塔基州农民、作家

我们在第 2 章所讨论的一些简单系统的行为，可能已经令很多人感到困惑了，即使我长年从事系统思考的教学工作，也仍然对它们感到惊奇。我们的惊讶既能反映出一些与我们有关的事实，也能反映出一些与动态系统有关的事实。我自认为了解动态系统，但一旦遇到现实世界中的实际问题，我也经常感到尴尬和束手无策。

从中，我得到以下 3 点启示：

- 我们认为自己所知道的关于这个世界的任何东西都只是一个模型。每一个字、每一种语言，都是一个模型；所有的地图、统计数据、图书和数据库、方程式和计算机程序，也都是模型；包括我们在头脑中描述这个世界的方式，即心智模式，也是模型。所有这些都不是真实的世界，也永远不可能是。
- 我们的模型通常与现实世界高度一致。这就是我们成为生物圈最成功的一个物种的原因。尤其复杂而精密的是心智模式，我们在对周围的自然、人和组织进行直接而深入的观察体验时，形成了这一模式。
- 然而，与第二点相反的是，我们的模型仍远远不能充分地呈现这个世界。这就是我们会犯错误并经常感到出乎意料的原因。在同一时间里，我们的大脑只能跟踪少数几个变量。哪怕基于正确的假设，我们也经常会得出不合逻辑的结论，或者依据错误的假设，得出看似符合逻辑的结论。例如，对于一个指数级增长过程所引发的增长量变化，我们大多数人都会感到惊讶，而对于复杂系统中的振荡，只有很少的人能够凭直觉从容应对。

简而言之，我们需要保持多方面的平衡：对于世界是如何运作的，我们确实有很多了解，但还远远不够；我们的知识储备令人惊叹，但我们又是如此无知；我们可以提高自己的认知，但又不可能做到尽善尽美。这看似矛盾的几对关系，我都相信它们的存在，因为这就是我在多年的系统研究中所学习到的。

我们将在本章讨论为什么动态系统的行为经常出人意料。换句话说，是要讨论我们的心智模式不能很好地考虑到现实世界复杂性的几个原因，至少是通过系统视角可以看到的原因。这是一个警告清单，显示出哪些地方隐藏着问题。在这样一个相互关联、由反馈机制发挥作用的世界中，你需要把注意力从短期事件上移开，看到更长期的行为和结构；你需要意识到错误的边界和"有限理性"；你需要考虑到各种限制性因素、非线性关系以及延迟，否则你就无法在这个复杂的世界里确认方向。如果不能很好地兼顾系统的适应力、自组织和层次性等特征，你很可能会不当对待、错误设计或者误读系统。

> 我们认为自己所知道的关于这个世界的任何东西都只是一个模型。虽然我们的模型确实与现实世界高度一致，但还远远不能充分呈现真实世界。
>
> **系统之思**
> THINKING IN SYSTEMS

即便你真的理解所有这些系统特征，你可能不会经常感到惊讶，但还是会感到意外。这对你来讲，到底是好消息还是坏消息，取决于你是否想要控制世界，并愿意接纳系统带给你的惊喜。

别被表象所迷惑

系统是一个大大的黑箱子，
我们无法打开它的锁；
我们所能看到的，
只是什么东西进去了，什么东西出来了。
在参数的联结下，
我们，有时，
得以在输入、输出与状态间建立关联。
如果它们之间的关联清晰而稳定，
我们或许可以预测出可能的态势；
如果无法预测——但愿不要如此，
我们只能被迫打破它的盖子！

肯尼思·博尔丁
经济学家

系统会呈现出一系列事件迷惑我们，或者说，是我们自己在观察世界时被自己愚弄了。每天的新闻会告诉我们关于选举、战争、政治辩论、灾难以及股市涨跌的消息。我们大部分日常谈话也是关于什么时间、什么地点发生了什么事，例如某支球队获胜了，某条河的水泛滥了，道琼斯工业平均指数冲破10 000点大关了，哪儿发现了一个大油田，哪儿的森林被砍伐了……如果把系统视为一个黑箱子，那么事件就是这个黑箱子时时刻刻的产出。

一些事件可能是很惊人的，例如车祸、暗杀、巨大的胜利、可怕的悲剧，它们会引发人们的各种情绪。虽然我们无数次在电视屏幕、报纸头条或网站首页上见过类似事件，但每一次事件都与上次的不同，从而不断吸引着我们，正如每天的天气预报都不相同，我们也从未对它失去兴趣一样。就这样，各种各样的事件源源不断地吸引着我们的注意力，也时常让我们感到惊讶，因为我们看待世界的方式几乎没有预见性，也不具备揭示性的价值。就像冰山浮在水面之上的那部分一样，事件只是一个更为巨大的复杂系统中为人可见的一小部分，但往往不是最主要的部分。

如果我们可以看到事件是如何积累形成动态行为模式的，我们就不会感到太惊讶了。

> 例如，一支球队处于连胜状态，大有夺冠的趋势；河流水位的变化幅度在增强，雨季水位更高，而旱季水流更少；道琼斯指数已经连续两年呈现上涨的趋势；发现新油田的频次越来越少；森林的砍伐与日俱增等。

系统的行为就是它的表现随时间变化的趋势，有可能增长、停滞、衰退、振荡、随机或进化。好的新闻报道会把当前的事件与历史背景联系起来，这样我们就能够更好地理解行为层面的变化趋势，而不只是停留在较浅的事件层面。遇到一个问题时，系统思考者要做的第一件事，是寻找数据、时间趋势图，以及系统的历史情况。这是因为，系统的长期行为为我们理解底层的系统结构提供了线索，而系统结构又是理解正在发生什么，以及为什么发生这些事情的关键。

系统结构是各种存量、流量和反馈回路的相互关联与作用。 我们常用包含各种变量和箭头的图（如存量—流量图等）来描述系统结构。**结构决定了系统可能存在哪些行为。** 例如，一个趋向目标的调节回路会接近或保持动态平衡状态，而增强回路则会引发指数级增长。二者联系在一起，则可能呈现出增长、衰退或均衡三种行为模式。如果其中包括延迟，则可能产生振荡。如果它们是周期性波动或快速爆发，系统则可能产生更令人惊讶的行为。

系统思考需要反复审视结构（存量、流量和反馈图）和行为（时间趋势图），善于系统思考的人会努力理解事件、行为以及结构之间的关系。 例如，当你的手放开"机灵鬼"玩具（事件），它就会弹起来并来回振荡（行为），而这是"机灵鬼"弹簧线圈的机械特征（结构）所引起的。

> 系统结构是系统行为的根源，而系统行为体现为随时间而发生的一系列事件。
>
> **系统之思**
> THINKING IN SYSTEMS

在"机灵鬼"这个简单的例子里，事件、行为和结构之间的区别是很明显的。事实上，现实世界里很多分析都只是停留在事件层面。听听每天晚上的股评，为什么股市会出现这样的变化？因为美元下跌，所以股市上涨了；或者因为利率上升了，民主党获胜了，两个国家发生冲突了，等等。

这样的分析不能使你预测明天会发生什么，也不能让你改变系统

125

的行为，比如减少股票市场的波动，使其成为公司运营健康程度更可靠的指标，或者使其成为鼓励投资的更好工具。

大多数经济分析都会更进一步，到达行为层面。例如，一些计量经济学模型往往会以复杂的方程式来发掘收入、储蓄、投资、政府开支、利率、产出以及其他变量的历史趋势，此外还有它们之间的统计关系。

这些基于行为层面的模型比事件层面的分析更有价值，但它们仍然有一些根本性的问题。首先，它们普遍过分强调系统流量，而对存量关注不足。经济学家喜欢追踪流量的行为，因为最有趣的变量和系统中最快速的变化往往出现在那里。

例如，经济新闻经常报道国民生产总值（GNP，流量），而不是实体资本总量（存量）。前者是一个国家或地区的国民经济在一定时期（一般为一年）内，以货币形式表现的全部最终产品和服务价值的总和，而后者是一个国家或地区所有的工厂、农场和工商企业等资本的总和，正是它们才能生产出各种产品和服务。但是，如果不了解这些存量如何经由各种反馈过程对相关流量产生影响，你就不能很好地理解经济系统的动态行为，或者这些行为产生的原因。

其次，也是更重要的一点，计量经济学家试图发现各种流量之间在统计上的关系，但这往往是徒劳的，他们不过是在寻找一些不存在的东西。**其实，任何一个流量与其他流量之间都没有稳定的关系。**流量有大有小、有开有关，存在各种组合，受存量而非其他流量的影响。

让我们用一个简单的系统来解释一下。假设你对温度调节器一无所知，但是你有一组数据，记录了过去一段时间内房间里热量流入、流出的量。你可以找到一个等式来表示这些流量在过去这段时间里的共同变化，因为在正常情况下，它们都受同一个存量（室温）的控制，确实会共同变化。

你的等式会准确无误，除非系统结构发生变化。例如，有人打开了窗户，改善了屋子的保温效果，调整了火炉开关，或者忘了加油。你可以用这个等式预测次日的室温，只要系统没有改变或崩溃。但如果房间的主人请你把屋子弄暖和一些，或者室内温度突然降低，需要你想个办法，或者你希望用更少的燃料去维持同样的温度，那么行为层面的分析就很难奏效了。你不得不再深入发掘系统的结构。

因此，基于行为的计量经济学模型在预测短期经济走势时很有效，但是在预测长期经济走势时表现却很差；同样，它们在帮助人们找到改善经济的对策方面也无能为力。

这也是各类系统让我们感到惊讶的原因之一。我们太沉迷于系统所造成的事件，很少关注系统的历史，也不善于从后者中发现线索，去揭示潜在的系统结构。**要知道，系统结构才是系统行为与事件产生和演进的根源所在。**

在非线性的世界里，不要用线性的思维模式

线性关系很容易理解：越多越好。线性方程组是可解的，因此广泛存在于各种教科书中。线性系统有一个重要的模块化属性，即你可以把它们拆分成一个个部件，然后重新组装起来。

非线性系统通常不可解，不能被拆分和拼装。非线性关系意味着身处其中的参与者可以改变游戏规则。变化的不确定性使得非线性关系难以被计算，但它所产生的丰富多彩的行为，在线性系统中永远不可能出现。

詹姆斯·格雷克（James Gleick）
《混沌》（Chaos）作者

我们通常并不特别擅长理解关系的本质。在系统中，如果两个要素之间的关系是线性的，就可以用一条直线来表示，它们之间有着固定比例。例如，我在地里施了 10 磅肥料，就可以多收 2 蒲式耳谷物[1]；如果施 20 磅肥料，收成将增加 4 蒲式耳，依此类推。

非线性关系是指因与果之间不存在固定比例的关系；二者的关系只能用曲线或不规则的线来表示，不能用直线。 例如，如果我在地里施了 100 磅肥料，收成可以增加 10 蒲式耳；如果施 200 磅肥料，收成则一点也不会再增加；如果施 300 磅，甚至出现减产。为什么呢？因为"物极必反"，我施肥过多，把土壤"烧"坏了。

---

[1] 1 磅约等于 0.45 千克，1 蒲式耳约等于 36.4 升。——编者注

第 4 章　系统之奇，系统的 6 大障碍

世界上到处都是非线性关系。因此，我们的线性思维总会对这个世界感到惊讶。我们总认为，一分耕耘，一分收获；付出两分耕耘，就可能有两分收获。但是，在非线性系统中，两分耕耘，可能只能得到 1/6 的收获，也可能得到 4 倍的收获，或者根本没有收获。

以下是一些非线性关系的范例：

- 随着高速公路车流量的增加，车辆密度在一个大范围内的变化只会对汽车行驶速度产生轻微的影响；然而，在超过这个限度之后，只要汽车密度再稍微增加一点儿，汽车行驶速度就会显著降低。高速公路上的车辆数达到某个点时，就会形成交通拥堵，汽车行驶速度会降到零。
- 在相当长的时间里，土壤流失都不会对收成造成多大影响，但是一旦表层土壤被冲蚀掉，植物的根系裸露出来，就会造成作物收成的大幅下降。
- 少量格调高雅的广告可以唤起人们对某款产品的兴趣；大量庸俗露骨的广告则可能招致人们的反感。

通过上面这些例子，你可以看出为什么非线性关系会让人感到惊讶——它们不符合看似合理的预期和推理，并不是付出少许努力就会收获少许回报，付出更多努力就会收获更多回报；或者少数破坏行为只产生可以容忍的少量伤害，更多这样的行为就产生更大的伤害。如果以类似这样的预期来看待非线性系统，将会不可避免地碰壁或犯错。

理解非线性关系是非常重要的，不仅因为它们有悖于我们对行动与结果之间关系的正常预期，更重要的是，它们改变了反馈回路的相对力量对比，有可能使系统从一种行为模式跳转到另外一种。

对于我们在第 2 章提到的几类系统而言，非线性关系是发生"主导地位转换"的主要原因，例如从指数级增长模式突然转变为衰退，就是因为非线性关系导致系统由增强回路占主导转变为调节回路占主导。

举一个非线性关系产生剧烈影响的例子，我们来看一下云杉卷叶蛾入侵北美森林造成的破坏。

系统寓言
THINKING IN SYSTEMS

云杉卷叶蛾、冷杉和杀虫剂

树木的年轮记录显示，在过去至少 400 多年的时间里，每隔一段时间北美地区的云杉卷叶蛾就会泛滥成灾，导致大量云杉和冷杉树死亡。但是，直到 20 世纪，几乎没人对此特别留意。这是因为，在木材产业，有价值的是北美乔松，而冷杉和云杉一向被归入"杂木"。然而，由于原生松树林的消失，木材企业终于开始关注起云杉和冷杉。这也使得云杉卷叶蛾突然被视为一种危害性极大的害虫。

所以，从 20 世纪 50 年代开始，北美北部林区开始喷洒杀虫剂，以控制云杉卷叶蛾的泛滥。尽管每年都喷药，但卷叶蛾虫害每年都会再度爆发。杀虫剂的使用从 50 年代一直延续到 70 年代，直到杀虫剂被禁止使用为止。在此之后，人们开始喷洒杀螟硫磷、乙酰甲胺磷、西维因以及甲氧氯等农药。

后来人们意识到杀虫剂不能彻底解决虫害问题，但它们仍然被认为是不可或缺的。正如一位护林人所说："杀虫剂为我们赢得时间。所有森林管理员都希望赢得时间，让树木生长，直到成材。"

到 20 世纪 80 年代，杀虫成本已经非常高昂，加拿大新不伦瑞克省当年用于防虫的费用竟高达 1 250 万美元。关注此事的市民开始抗议，反对滥用有毒杀虫剂。尽管如此，云杉卷叶蛾每年仍要毁掉多达 2 000 万公顷的树木。

不列颠哥伦比亚大学的霍林和新不伦瑞克大学的戈登·巴斯克维尔（Gordon Baskerville）使用计算机建模技术，对虫害问题进行了全方位的系统分析。他们发现，在开始使用农药之前的大多数年份里，云杉卷叶蛾的数量都很少，它们受到很多捕食者的控制，包括一些鸟类、蜘蛛、寄生蜂，也受到一些疾病的影响。然而，每隔一二十年，就会有一次卷叶蛾虫害大爆发，持续约 6～10 年时间。接下来，卷叶蛾数量会减少，直到下一次爆发。

卷叶蛾倾向于先侵害香脂冷杉，其次是云杉。在北部林区，香脂冷杉是最有优势的树种。依靠自身特点，香脂冷杉能将云杉和桦树排挤出去，使它们无立足之地，从而使得整片森林逐渐成为香脂冷杉的天下。然而，每次卷叶蛾虫害的爆发都会大大减少冷杉的数量，为云杉和桦树开辟出生长空间。然后，冷杉数量又会慢慢恢复，再次称雄。

随着冷杉数量的增加，卷叶蛾虫害大爆发的可能性也迅速增加。但二者的关系是非线性的。卷叶蛾的繁殖能力很强，其数量增长远快过相应的食物供给。最后，只要有两三个温暖、干燥、非常适合卷叶蛾幼虫生长的春天，就可能爆发大规模的虫害。如果只在事件层面上分析，可能还会有人把虫害的爆发归咎于某个温暖、干燥的春天呢。

卷叶蛾数量增长太快，超过了它们的天敌能够控制的限度，二者的关系也是非线性的。在大多数情况下，卷叶蛾的数量越多，捕食者的数量也会越快增长。但是，超过某个点之后，捕食者就不能再加速繁殖了。此时，原本越多就越快增长的增强关系转变为一种非线性关系——卷叶蛾更多，但捕食者不能更快地繁殖。最后，大规模虫害爆发了，一发不可收。

现在，只有一件事可以阻止虫害的爆发：卷叶蛾吃掉大片大片的冷杉，导致自己的食物减少。这个时候，卷叶蛾数量会迅速减少——但也是非线性的。原先，卷叶蛾自我繁殖的增强回路（卷叶蛾数量越多，新出生的卷叶蛾就越多）占据主导地位；现在，大量卷叶蛾被饿死的调节回路占了上风。之后，在冷杉死掉的地方，云杉和桦树又生长起来……如此周而复始。

系统中的很多关系是非线性的，它们的相对优势变化与存量的变化是不成比例的。反馈系统中的非线性关系导致不同回路之间主导地位的转换，也相应地引起系统行为的复杂变化。

系统之思
THINKING IN SYSTEMS

数十年来，卷叶蛾—冷杉—云杉这个系统会出现周期性振荡，但是总体来讲，仍在一定限度内保持着生态的稳定性。这种状态可以一直延续下去。卷叶蛾的主要作用是不让冷杉这一树种独大。但是，生态上的稳定并不等于经济上的稳定。加拿大东部的经济几乎完全依靠伐木，而这主要依靠的就是冷杉和云杉的稳定供给。

人类开始使用杀虫剂之后，系统内部各种非线性关系之间微妙的平衡点很难达到了。因为杀虫剂杀死的不只是害虫，还有害虫的各种天敌，因此削弱了大自然中控制害虫的反馈回路。这样一来，冷杉的密度一直保持在较高的水平上，也使得卷叶蛾的数量增加到其非线性繁殖曲线的最高点，因而虫害会不间断地爆发。

这样的森林管理措施使卷叶蛾始终保持着"亚爆发状态"，也使森林管理当局坐在了一个随时可能爆发的"火山口"上。因为一旦放弃用药，卷叶蛾的反扑力度又将空前猛烈。

恰当地划定边界

当我们进行系统思考时，一个基本的误解是容易把它和另外一个流行词——"副作用"混淆。"副作用"这个词意味着，存在一些"我没有预见到或者不想考虑在内的"结果。其实，副作用与其说是"副产品"，倒不如说它也是一个"主要结果"。系统思考很难，我们很容易曲解自己的语言，为自己开脱，让自己相信没有必要这么做。

加勒特·哈丁
生态学家

还记得第 1 章和第 2 章中一些结构图上的云状物吗？千万不要

小看这些云！它们是系统让我们感到意外和惊奇的主要来源。

云表示的是流量的源头和终点。它们是存量，是流量的来源和去处，但是为了便于讨论，我们暂时简化或忽略了它们。它们标记着系统图的边界，但很少是系统真正的边界，因为系统很少有真正的边界。从某种意义上讲，每一种事物都与其他事物存在关联，或多或少，或深或浅。例如，海洋与陆地之间并不存在泾渭分明、清晰明确的界线，社会学与人类学也并非截然不同，汽车的排气管和你的鼻子之间也存在着关联。所谓边界，只是人为的区分，是人们出于表达、思考、观察、理解等方面的需要，而在心理上设定的人为创造的虚拟边界。

系统最大的复杂性也确实出现在边界上。例如，在德国和捷克的边境线两侧，两国居民并非水火不容，而是你中有我，我中有你；在森林与草原之间，物种也在相互渗透，森林里的动物会溜达到草原上，草原上的动物也会在一定程度上渗透进森林中。因此可以说，**恰恰是边界上的无序、混杂，成了多样化和创造力的根源所在**。

在第 2 章提到的汽车库存系统里，我用云来表示导致经销商库存增加的流入量的源头。当然，汽车并不是从云彩里凭空掉下来的，它们需要经历一系列复杂的生产、运输过程，离不开各种原材料以及资本、劳动力、能源、技术、管理等生产要素。与此类似，库存流出量的去向也可以用云来表示，但这并不意味着这些汽车化为云朵飘到天上去了，而是销售给了千家万户使用。

因此，我们在分析问题时，究竟要不要考虑制造商的原材料、消费者的汽车保有量等问题（将它们简化为云是否合理），主要取决于这些存量是否对系统行为的变化有显著影响。如果原材料的供应十分充足，而且顾客对汽车的需求是持续的，那么用云来表示就是有效的。相反，如果原材料出现短缺，或者产品供过于求，而我们在考虑问题时没有把这些存量划入系统边界之内，那么未来系统将出现令我们意想不到的事件。

但是，在图4-1中，依然存在云，系统的边界还可以继续扩展：制造汽车的原材料来自化工厂、冶炼厂或炼油厂，而它们的输入都来自地球。同时，加工过程不只是制造出了产品，还带动了就业，创造了福利和利润，产生了污染。用户废弃的汽车报废之后，要么被丢进垃圾填埋场、焚化炉，要么开进循环再生中心。在那些地方，它们继续对社会和环境产生着影响：垃圾填埋场的废弃物有可能渗入饮用水，造成水污染；焚化炉产生浓烟和灰烬；循环再生中心则将一些材料回收利用。

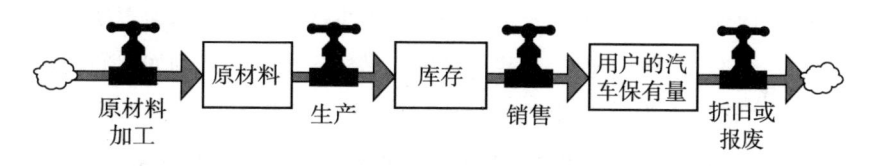

图4-1 揭开"云"背后的一些存量

全面地考虑各个流量——从矿山到垃圾填埋场，或者说"从摇篮到坟墓"——是否重要，主要取决于谁想知道什么，出于何种目的，以及在多长的时间范围考虑问题。从长期来看，全面地考虑流量的各个环节是很重要的，同时，随着实体经济的增长，社会的"生态足迹"不断扩大，"长期"也正快速转变为"短期"。

似乎在一夜之间，垃圾填埋场就被装满了，这让很多人感到诧异，因为在他们看来，垃圾丢出去就应该是"消失"了，好像化作图里的云。同样，很多原材料也不是取之不尽、用之不竭的，包括煤炭、水源、石油等，都在以惊人的速度枯竭。

从足够长的时间维度上看，即使是矿山和垃圾填埋场也不是故事的全部。整个地球系统更大的物质循环驱动着各种物质的转化，沧海桑田不断变迁。亿万年之后，今天在垃圾填埋场里的所有东西都可能位于高山之巅或者深海之下，新的金属矿藏或石油煤炭也将沉积而成。对于我们居住的地球而言，没有什么东西是"云"，没有最终的边界。即使空中飘浮着的真正的云，也是水循环的一部分。**每一件事物都来自他处，每一件事物都走向他处，所有的事物都处在不断的运动、变化之中。**

当然，这并不是说，每一个模型都必须包含所有的关联，直到囊括整个地球。在建模时，云是模型必不可少的一部分，因为建模本身就是一个形而上的过程。有些东西确实是凭空出现的，例如我们经常会说："怒从心头起。"愤怒、爱意、仇恨、自尊等，实际上都是从"云"里来的。因此，如果我们试着去理解某件事，就必须将其简化，这就意味着要设定边界。而且，这样做通常是安全的。例如，我们把人口的出生和死亡看作来自云和化为云，这并没有什么问题。

图 4-2 显示的就是"从摇篮到坟墓"过程的实际边界。但是，如果出现大量移民，或者如果这里探讨的问题是墓地空间是否充足等，这些边界就显得不太适用。

即便对于系统思考者来说，认识和把握系统的边界也是一个很难的课题，因为**在系统中，并不存在一个明确、清晰划定的边界，而是要我们根据自己的需求和实际情况去划定**。边界划定不当，很可能会带来一些问题。

出生　人口　死亡

图 4-2　更大的云

如果边界划定得太窄，系统就可能产生令你意想不到的行为。

例如，你想解决城市交通拥堵问题，而未考虑到人们的居住模式，这一问题将很难得到有效解决，一些对策甚至可能会引发更大的问题。比如，你修建公路试图缓解交通压力，但这吸引了一些房地产公司在道路沿线开发地产项目，相应地，这些地产项目又增加了更多的交通流量，导致道路和之前一样拥堵。

如果你想使流经你所居住城镇的一条河的河水变得清澈，你就不能把边界只划定在你所居住的城镇，必须把整条河都考虑进来，因为如果上游的污染源得不到有效治理，你的努力就会是徒劳的。同时，你要考虑的可能还包括河流两岸的土壤和地下水。当然，你可能无需考虑另外一个流域的问题，更不用考虑地球水循环问题。

> 世界是普遍联系的，不存在孤立的系统。如何划定系统的边界，取决于你的目的，也就是你想解决的问题。
>
> 系统之思　THINKING IN SYSTEMS

在规划国家公园时，人们以前只局限于公园的物理边界内。然而，会有游牧民族不时穿越公园边界，迁徙的野生动物也会踏过边界，河流流进流出（地下水在公园地下流过），界线边缘的人类活动、经济发展也会影响到保护区，还有酸雨，以及近年来温室效应引发的气候变化等。即使没有气候变化，想有效管理国家公园，你也必须把边界设定得比法定边界更宽。

与此相反，在进行系统分析时，人们经常陷入另外一个陷阱：把系统边界设定得太宽。在分析一个问题时，往往要画好几页的图，密密麻麻，用很多箭头把各种事情都联系起来——在他们看来，这样才是一个系统嘛！唯恐少考虑一件事，就会不那么"规范"。

"我的模型比你的大"这种游戏只会导致分析过于庞杂，使得信息大量堆积，反而掩盖了问题的真实答案。例如，模拟全球气候问题时，列举所有细节虽然很有趣，但对于分析如何减少一个国家的二氧化碳排放以控制气候变化而言并不必要。

思考一个问题时的正确边界与学术研究上的边界以及政治上的边界很少是同一个边界。河流可能是两个国家之间天然的界线，但对于水源数量和质量的管理而言，这可能又是最糟糕的边界。大气和水源治理也不能仅限于政治边界，大气尤其如此。

> **系统之思**
>
> 边界是我们自己划定的，面对新的讨论和新的问题，出于不同的目的，可能需要并且应该重新考虑边界。记住这一点也是一门伟大的艺术。事实上，面对每一个新任务时，都应该忘掉上一次任务中行之有效的边界划分，针对当前问题，创造性地划定最合适的边界。对很多人来说，这是一个不小的挑战。但是，为了有效地解决问题，这也是十分必要的。

对于温室效应、臭氧空洞或海洋污染来说，国家之间的边界没有任何意义。

理想情况下，对于每一个新问题，我们都应该在头脑中为其划定一个合适的边界。但我们往往很难保持这样的灵活性，一旦我们在头脑中划定了一些边界，它们就会逐渐变得根深蒂固。想想有多少争论都是与边界有关的，例如国家边境之争、贸易壁垒、人种差异、公共部门与私营企业之间的责任划分、贫富差距、污染与被污染、现代人与子孙后代等。对于经济和政府、艺术与艺术史、文学与文学评论之间的边界问题，在学术上可以争论很多年。事实上，大学本身就是边界僵化的一个典例。图4-3展示了更多关于边界划定的示例。

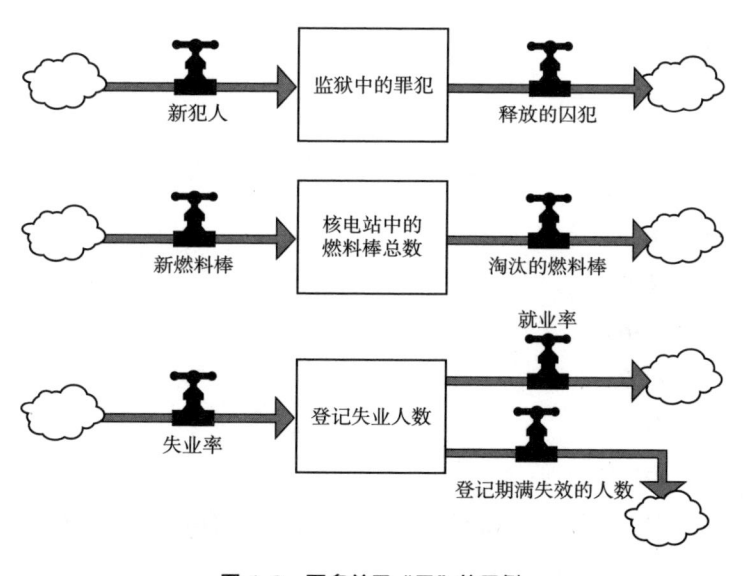

图4-3 更多关于"云"的示例

注：这些系统的边界或"云"不会阻止你越过系统边界进行思考，而是会促使你越过边界思考。例如，什么因素导致新犯人的增加？燃料棒淘汰之后去了哪里？失业人员在登记期满失效以后怎么办？

看清各种限制因素

系统之所以让我们感到惊奇，是因为我们的思维倾向于认为单一的原因只会引发单一的结果。同一时间内，我们往往只能考虑一件或至多几件事情。而且，我们不喜欢考虑限制因素，尤其是在我们制订自己的计划或力求实现既定目标的情况下。

但是，在我们生活的这个世界，很多原因通常会一起发挥作用，从而产生多种结果；多个输入产生多个输出，而且几乎所有输入和输出都会受到各种限制。例如，工业生产过程就需要：

- 资本。
- 劳动力。
- 能源。
- 原材料。
- 土地。
- 水。
- 技术。
- 信用。
- 保险。
- 客户。
- 良好的管理。
- 公共基础设施以及政府服务（如治安、消防、管理人员与工人的教育等）。
- 可为生产者和消费者提供养育与关怀的家庭。
- 健康的生态系统（可供应或者支持各种原材料和生产要素，吸纳或处理生产带来的废弃物等）。

在一小片土地上种植谷物，则需要：

- 阳光。
- 空气。
- 水。
- 氮。
- 磷。
- 钾。
- 各种微量营养素。
- 松软的土壤以及土壤微生物群落。
- 控制野草和昆虫的某个系统。
- 保护其免受工业生产废弃物伤害的措施。

说到种植谷物，德国化学家尤斯图斯·冯·利比希（Justus von Liebig）提出了著名的"**最小因子定律**"[①]。在利比希看来，如果缺少的是磷元素，即使有再多的氮都不管用；同样，如果问题是缺少钾元素，一股脑地施加再多的磷元素也毫无意义。

正如俗话说的：巧妇难为无米之炊。如果没有酵母，即使有再多的面粉，也做不出面包来。小孩子不管吃了多少碳水化合物，如果缺少蛋白质，身体也不会健康成长。同样，不管有多少客户，没有资本，公司也无法正常运营；反之亦然，资本再多，如果没有客户，公司的运营也难以为继。

[①] 原指植物的生长取决于处在最小量状况的营养元素，后延伸为低于某种生物需要的最小量的任何特定因子，是决定该种生物生存和分布的根本因素。——编者注

这就是"限制因素"的概念，虽然很简单，但是很多人却对此存在误解。

例如，农学家认为，通过检测土壤中各种主要和微量营养成分的含量，可以确定应往人工肥料里添加什么。但是，他们是否考虑到了作物生长所需的各种必不可少的限制因素？人工肥料会对土壤中各种微生物群落造成什么影响？化肥是否会影响或限制土壤发挥其他功能？化肥的生产又受到哪些限制？

一些发达国家将资本或技术转移到欠发达国家或地区，但发现受援助国的经济并未有大的起色，很多人对此大惑不解。其实，经济发展有很多限制因素，不只是资本和技术，但他们没有想到这些东西根本不是受援助国经济发展最主要的限制因素。

在人类经济发展史上，确实有一段时期，制约生产力提升最常见的因素是资本和劳动力。因此，大多数经济发展措施只重点关注这两个因素（有时候也会考虑技术因素）。然而，随着经济发展日渐与生态系统息息相关，限制因素也开始转变为清洁的水源和空气、垃圾填埋空间、能源以及原材料等。在这种情况下，如果还是按照传统只关注资本和劳动力，就事倍功半了。

在麻省理工学院，系统理论的学生会学到的经典模型之一是杰伊·福里斯特教授的公司成长模型。在该模型中，一家初创企业非常成功，成长快速，而问题的关键是认识并处理各种限制因素，这些因素会随着公司自身的成长而不断变化。

例如，如果公司雇用了更多优秀的销售人员，订单就会大量增加，从而超出了工厂的产能，导致交货延迟、部分客户流失。此时，产能成为最主要的限制因素。于是，管理者决定投资建厂，以缓解欠货压力。新厂建设过程中，需要雇用大量新员工，但由于过于仓促而无法提供充分的员工培训。于是，开始出现产品质量问题，再次导致客户流失。此时，员工的技能成为最重要的限制因素。所以，管理者又开始加强对员工的培训。逐渐地，质量得以改善，新的订单又大量增加，但是这时候，订单执行和跟踪系统又出现拥堵……如此，不一而足。

事实上，每一个发展中的工厂、儿童、流行病、新产品、技术、公司、城市、经济和人口等，都存在多重限制。你不仅需要知道有哪些限制因素，而且需要认识到，增长本身会减弱或强化限制因素，使得起主导作用的限制因素发生改变。植物的生长与土壤的相互作用，公司扩张和市场的博弈，经济发展与资源之间的关系都是动态变化的。**当一种限制因素不再起作用，成长就开始启动，而成长本身会改变各种限制因素的强弱对比，直到另一种限制因素逐渐开始发挥作用。**将注意力从目前正发挥限制作用的因素那儿转移到潜在的下一个限制因素，才能真正理解，并有效把控成长过程。

任何一个有着多重输入和输出的物质实体，包括人口、生产过程、经济发展等，都受到多重限制因素的制约。随着系统的发展，系统会影响和改变各种限制因素，系

> 在一段给定的时间内，对于系统来说，最重要的一项输入就是限制或约束力度最大的那个因素。

统与其限制环境之间构成了一个共同进化的动态系统。

> **任何成长都存在限制，有些限制是自发的，而有些则是系统施加的。从根本上讲，关键不是追求持续成长，而是选择在哪些因素的限制之下维持生存。**
>
> **系统之思**
> THINKING IN SYSTEMS

然而，理解系统受到的多重限制，对即将到来的下一个限制因素保持警惕，并不是实现持续成长的秘方。在限定的环境里，任何物质实体要想永远保持成长都是不可能的。

从根本上讲，关键不是追求持续成长，而是选择在哪些因素的限制之下维持生存。如果你的公司能以可承受的价格生产某些精美的产品或服务，订单就会蜂拥而至，直到你无法应付，出现某些限制，降低了产品的完美程度，或者提高了它的价格；如果某一个城市居民的生活环境明显优于其他城市，人们就会纷纷移居到这个城市，直到超过该城市可以容纳的限度，导致生活环境变差。

成长总会不可避免地受到限制，其中有些限制是自发的，而有些则是系统施加的。**没有物质实体可以永远成长。**如果公司管理者、政府当局、社会人口不能认识到其成长过程所面临的限制，并自觉地选择和控制限制，那么环境也会做出选择，并施加限制。

无所不在的延迟

我惊恐地意识到，我急迫地希望重建民主，有些做法几乎已经和理想主义者一样了。我一直希望更快地推动历史发展，却犯了"拔苗助长"的错误。

我意识到，创造一个新事物时，我们必须学会等待。我们必须充满耐心地播种，精心浇灌土地，让种子自己发芽、生长，它需要时间。你不可能愚弄植物，更不可能愚弄历史。

瓦茨拉夫·哈维尔
捷克共和国第一任总统、诗人

无论是植物、森林，还是民主，都需要时间发展成长。你投入邮箱里的信到达目的地，需要时间；顾客注意到价格变化，并据此调整他们的购买行为，需要时间；建造一座核电站，需要时间；机器磨损，需要时间；新技术的普及，也需要时间。

我们一再对事物发展需要多少时间感到出乎意料。对此，福里斯特告诉我们，在搭建模型或应对延迟时，可以先问一问系统里的每一个人，他们认为延迟会有多长，尽力做出最精准的预测，然后再乘以3。我发现，这一修正方式也同样适用于估计写一本书的时间。

在系统中，延迟比比皆是。每一个存量都是一个延迟，大部分流量也有延迟，包括运输延迟、感知延迟、处理延迟、成熟延迟等。以下是我们在建模过程中发现的一些很重要的延迟范例：

- 在病毒感染和症状发作去就医确诊之间存在延迟——有可能是几天，有可能是几年，取决于是什么疾病。
- 在污染发生与污染物在生态系统中扩散、积累、造成危害之间，存在延迟。

- 可供繁育的家畜家禽和农作物从出生到成熟之间存在延迟，使得这些商品的价格具有周期性振荡的特征：猪的周期为 4 年，奶牛的周期为 7 年，可可树的周期为 11 年。
- 改变人们认为合适的家庭规模的观念至少需要一代人的时间。
- 生产线更换装备存在延迟，资本存量的周转也有延迟。设计一款新车并投放市场需要 3～8 年，它在市场上作为新车销售的生命周期约为 5 年，而一辆车的可行驶时间平均为 10～15 年。

系统边界划定得是否正确取决于讨论的目的，对于重要的延迟也是这样。如果你关心的波动持续数周，你大可不必考虑数分钟或数年的延迟；如果你关心的是数十年的人口及经济发展，那通常可以忽略为期数周的振荡。世界同时在许多频率振荡，一项延迟是否重要取决于你试图理解的是哪一个频率。

在第 2 章，我们用实例展示了一些重要的反馈回路是如何影响系统行为的。**改变延迟的长短可以彻底改变系统行为，如果能使延迟变得更长或更短，那么通常可将延迟作为敏感的政策杠杆点。**这是因为，如果系统中的一个决策点（或在系统那一部分工作的一个人）对某一些信息存在反馈延迟，决策就可能偏离目标，为达到决策者的目标，人们就会采取过多或过少的行动。此外，如果采取行动太快，则可能放大短期的波动，产生不必要的振荡。**延迟决定了系统反应的速度、达到目标的准确性，以及系统中信息传递的及时性。**矫枉过正、振荡和崩溃经常由延迟引起。

理解延迟，有助于我们理解为什么戈尔巴乔夫可以在几乎一夜之间改变苏联的信息系统，却不能改变它的实体经济——这需要数十年时间。我们也可以更好地理解为什么东德西德合并，社会经历的痛苦期要远远长于政客们预测的时间。因为建设新的发电厂需要很长时间，电力工业经常受周期性波动的困扰，要么供过于求、产能闲置，要么供不应求，导致限电。

因为海洋对气候变化的反应延迟长达数十年，所以即使人类燃烧化石燃料排放的二氧化碳已经对气候造成严重影响，一两代人都难以充分认识到问题的严重性。

> 反馈回路中存在较长的延迟时，一定的预见性便必不可少。等一个问题很明显了才采取行动，会错过解决问题的重要时机。
>
> **系统之思**
> THINKING IN SYSTEMS

有限理性

> 因此，每个人都尽可能地利用他的资本支持国内产业，并以此使国内产业产出最大价值……通常，他的确并不以提高公共利益为目的，也不知道自己对公共利益有多大帮助……他的目的仅仅是保障个人的利益……他在一只"看不见的手"的引导下，在实现自己利益的过程中，无意增进了公共利益。通过追逐个人利益，他可以更多、更有效地促进社会利益，甚至比他真心希望促进社会利益时还要有效。
>
> 亚当·斯密
> 18世纪政治经济学家

如果市场这只"看不见的手"真的能够引导个体在追逐私利的同时也增进集体福利，那确实是太棒了。那样的话，不只是物质上的自私将成为社会美德，对于经济的数学模拟也将变得容易得多。人们无需考虑他人的利益，或者复杂的反馈系统的运作。难怪亚当·斯密的模型在 200 多年间都一直有着如此强大的吸引力。

不幸的是，事实并非如此。这个世界呈现出来的更多是，人们倾向于从自己短期的最大利益出发理性地行动，而每个人的行为汇集起来的结果却是所有人都不愿意看到的。

例如，世界各地的游客蜂拥至夏威夷的威基基海滩或瑞士的采尔马特冰川，却开始抱怨这些地方已被众多游客破坏了；农民生产出过多的小麦、黄油或奶酪，然后价格突然暴跌；渔民过度捕鱼，最终导致自己丢了饭碗；众多公司看到有利可图就加大投资，最终导致商业的周期性衰退；穷人比富人生育和抚养着更多的孩子。

为什么？

这就是世界银行经济学家赫尔曼·戴利所说的**"看不见的脚"**，或者是诺贝尔经济学奖得主赫伯特·西蒙（Herbert Simon）所说的**"有限理性"**。

例如，渔夫并不知道有多少鱼，更不了解同一天其他渔夫捕了多少鱼。同样，一位商人也无法确切地知道其他商人正在计划哪些方面的投资，顾客愿意购买什么，或者各种产品之间如何相互竞争。他们不知道市场的规模，也不知道自己当前所占的市场份额。他们有关这些方面的信息是不完整的，并存在延迟，而且他们自身的反馈也存在延迟。因此，经常出现系统性地投资过度或者不足。

正如西蒙所说，我们并非无所不知、理性的优化者；相反，我们是浮躁的"自满者"，在做下一个决策之前，总是试图最大限度地满足当前的需求。我们会以理性的方式尽力维护和扩大自身的利益，但只能基于自己所知道的信息进行思考。除非他人有所行动，否则我们不会知道他们计划做什么。我们极少看到自己面前的所有可能性，也通常不会预见到（或选择忽视）自己的行动对于整个系统的影响。因此，我们只能在自己有限的视野范围内，从当前几种很明显的选择中进行抉择，并坚持自己的看法，不会考虑长期最优方案。只有在被迫的情况下，才会改变自己的行为。

> 有限理性意味着，人们会基于掌握的信息制定理性的决策，但是由于人们掌握的信息通常并不完美，尤其是系统中相隔较远的部分的信息，因而他们的决策往往并非整体最优。
>
> **系统之思**
> THINKING IN SYSTEMS

一些行为科学家认为，我们甚至不能很好地理解自己所掌握的有限的信息。

- 我们会错误地估计风险，将其中一些事情的危害程度估计得过高，或者轻视了另一些事情的危险性。
- 我们也容易过度夸大当下状况的重要性，过于重视眼前的经验，而未对过去给予足够的重视，只聚焦当下的事件，而非长期的行为。
- 我们会忽视未来，认为它们与经济和生态毫无关系。

- 我们不能正确评估正来临的信号的重要性。我们根本不接受自己不喜欢的，或者不符合我们心智模式的信息。

也就是说，即使为了自己的个人利益，我们都不能做出最优化的决策，更别提系统整体的利益了。

有限理性理论对建立在200多年前亚当·斯密政治经济学基础之上的主流经济学提出挑战。你可以想象这引起了多大的争议。这种主流经济学理论首先假设，每个"经济人"（homo economicus）都能在完美利用完整信息的前提下行动；其次，当各个"经济人"都在按照这些规则行动时，他们的行动累加起来，就会产生对每个人来说都是最优的结果。

从证据来看，这两个假设都无法长期成立。在下一章，我们会深入探讨一些最常见的结构，它们可能导致有限理性，并最终酿成灾难。它们是一些常见的现象，包括成瘾、政策阻力、军备竞赛、目标侵蚀以及公地悲剧等。现在，关于由不理解有限理性造成的最大意外，我只想说一点。

假设你因为某种原因，离开了自己熟悉的生活环境，来到一个完全陌生的社会之中，你很难理解那里人们的行为；或者，之前你是一个坚定的政府反对派，而现在突然成了政府的一员；或者，你之前是一名普通员工，现在突然变成了管理层（反过来也成立）；或者，你之前是一名环保主义者，一直批评大企业对环境的破坏，而现在，你成了为大企业做出环境问题决策的人。

不管朝着哪个方向发生改变，只要这样的改变更频繁地发生，就能拓宽每个人的视野！

在新位置上，你会经历新的信息流、激励和限制因素、目标和分歧，以及压力——只有发生这种转变，你才能如此真切地经历和感受到有限理性。也许你会回想起从另外一个角度看事情是怎样的，也许在转变系统视角之后，会激发一些改变系统的创新，但这无疑是不可能发生的。如果你成了管理者，你可能不再会把员工看作生产线上有功劳的伙伴，而将其视为需要缩减的成本；如果你成了投资人，你可能和其他投资人一样，在繁荣期过度投资，在衰退期投资不足；如果你变得一贫如洗，可能也会看到生许多孩子这一行为的短期理性、希望、机会和必要性；如果你是一名渔夫，渔船是抵押贷款购置的，要供养家庭，又对鱼群数量的状况不完全了解，在这种情况下，很可能也会过度捕捞。

在教学中，我们通过游戏模拟演练也能发现类似结果。在这个过程中，学生们置身于模拟的情境，扮演真实系统中各种不同的角色，对真实的、不完整的信息流做出反馈。作为渔夫，他们会过度捕捞；作为发展中国家的最高领导人，他们会优先考虑核心产业的需要，而不是人民的需求；作为上流社会成员，他们会中饱私囊；作为社会底层，他们会变得冷漠或逆反。换成是你，也会如此。在美国心理学家菲利普·津巴多

> 要想改变行为，首先要跳出你在系统中固有的位置，抛弃在那里观察到的有限信息，力求看到系统整体的状况。从一个更广阔的视角可以重构信息流、目标、激励或限制因素，从而使分裂的、有限的、理性的行动累加起来，产生每个人都期盼的结果。
>
> **系统之思**
> THINKING IN SYSTEMS

（Philip Zimbardo）[1]著名的斯坦福监狱实验中，在极其短的时间内，扮演者的态度和行为就能和真正的看守与囚犯十分相似。

有时候，在信息有限的情况下，个人也能做出理性的决策，但有限理性并不能成为人们目光短浅的借口，它让我们理解为什么会产生这些行为。在系统的特定位置上，一个人的行为对于他有限的所见所知而言是合理的。在有限理性的情况下，如果换成另外一个人，结果仍是相同的。因此，只是责备个人，并不能产生更加符合人们期望的结果。

令人惊奇的是，只要通过提供更好、更完备、更及时的信息，稍微扩大一下有限理性，变化其实是可以来得又快又轻松的。

系统寓言
THINKING IN SYSTEMS

荷兰房屋里的电表

在阿姆斯特丹附近的一个郊区，有些同一时期建造的独栋别墅，样子几乎一模一样。由于某个未知原因，一些房屋的电表被安装在地下室，而另外一些则被安装在前厅。

这些电表都有一个透明玻璃罩，里面有一个小的水

---

[1] 在《津巴多口述史》中，津巴多教授完整追溯了他50年来的教学和研究经历，述说了他的4大贡献——斯坦福监狱实验、将害羞概念化、时间观研究、英雄想象项目的前因后果和灵感来源。该书中文简体字版已由湛庐引进，浙江教育出版社于2021年出版。——编者注

平金属圆盘。家庭用电越多，圆盘就转得越快，而电表的刻度盘上显示着累积的用电度数。

20 世纪 70 年代早期，石油禁运和能源危机时期，荷兰政府开始密切关注能源的使用。统计发现，在这个地区，有些家庭的用电量比其他家庭少 1/3。对此，没有人可以给出合理的解释，因为所有家庭都是类似的，电价也一致。

调查结果表明，差别在于电表的安装位置。用电多的家庭，电表都安装在地下室，人们很少去看电表；而用电少的家庭，电表则安装在前厅中，每当人们走过，都能看到电表的小圆盘在转动，提醒人们本月的电费在不断增加。[①]

尽管存在有限理性，但结构设计得当的系统，仍然可以在合适的时间、合适的地点做出合适的反馈，维持着适当的功能。 例如，在一般情况下，你的肝脏只会得到必要的信息，去完成需要执行的任务。在未受扰动的生态系统和传统文化中，每个人、物种或种群，都以自己的方式服从并服务于系统整体，保持着整体的稳定性。尽管每个个体都有自己的策略，但这些系统和其他很多系统总体上都是可以自我调节的。它们不会产生问题，也无须设置治理机构或者制定这样那样无用的政策。

从亚当·斯密开始，人们一直相信，自由竞争市场是一个设计得当、可以自我调节的系统。在某种程度上，确实如此；然而，在另外一些情况下，却并非如此，只要想观察，很容易发现证据。在自由市场经济体

---

① 这个故事是我 1973 年在丹麦科勒克勒（Kollekolle）参加一次会议时听说的。

系下，拥有最佳生产机会和消费选择信息的人，的确可以做出公平的、不受限制的、理性的决策。但是，这些决策本身并不能修正整个系统内的垄断倾向，以及一些不利的副作用（外部性），比如对穷人的歧视，或者对可持续承载能力的超越。

> 系统中每个角色的有限理性可能无法产生促进系统整体福利的决策。
>
> **系统之思**
> THINKING IN SYSTEMS

让我们化用一句常用的祈祷词：

让神赐给我们一颗平静的心，在结构得当的系统中自由地使用我们的有限理性；让神赐给我们勇气，去重塑结构不良的系统；让神赐给我们智慧，去理解其中的差别。

受信息、激励、抑制因素、目标、压力以及对某一角色的限制等因素影响，系统中的每一个角色都存在有限理性，这可能会产生促进系统整体福利的决策。如果不能，即使在同一个系统中放进新的角色，也不会改善系统的表现。要想有所变化，就必须重新设计系统结构，改进信息、激励、抑制因素、目标、压力以及对某个特定角色的限制等因素。

THINKING IN SYSTEMS

第 5 章

系统之危与机，
系统的8大陷阱与对策

理性的精英们对自成一体的技术或科学世界了如指掌，但是他们都缺乏一个更为广阔的视野。从哈佛MBA到部队军官，都是如此……虽然主张各异，但他们都有一个共同的担忧：如何使特定的系统有效运作；同时，社会文明也日益变得没有目标和难以理解。

———

约翰·拉尔斯顿·索尔（John Ralston Saul）
政治学家

任何系统都可以找到延迟、非线性、模糊的边界,以及其他一些出乎我们意料的系统特征。一般来说,它们是系统固有的特征,不可以也不应该被改变。**这个世界是非线性的。**如果为了计算或管理的方便,必须使其线性化,即使可行,也是不明智的。但事实上,这几乎是不可能的。边界本身也是有问题的、短暂易变的、混乱的,虽然它们对于组织管理和澄清阐明而言十分必要。**要想不对复杂系统感到那么意外,最主要的途径就是学会期待、欣赏和利用世界的复杂性。**

但是,有些系统不只是出乎我们的意料,它们甚至是违反常理的,其结构方式注定会产生一些问题,让我们陷入巨大的麻烦之中。系统问题的表现形式很多,有些是独特的,但有很多非常常见。我们把产生常见问题行为模式的系统结构称为"基模",这些基模所显现出来的行为包括:成瘾、目标侵蚀和竞争升级[1]等。这些行为如此常见,以至于我只用了不到一周,就在《国际先驱论坛报》上找到了足够多的例子,以支持本章对各种基模的论述。

---

[1] 原文为"escalation",原意是逐步升级、扩大或加剧,也被译为"恶性竞争"。但是,正如作者所讲,这一基模并非总是"恶性"或破坏性的,如果竞争双方争夺的是一些符合人们预期的目标,它也可能引发好的结果。所以,我们在本书中将其译为"竞争升级"。——译者注

仅仅理解产生问题的基模结构是不够的，试着去容忍它们则是不可能的，我们需要去改变它们。对于它们造成的破坏，人们常常指责其中的某些参与者，或归咎于某些事件，但实际上，这不过是系统结构使然。用指责、惩罚、解雇、更用力地扭转杠杆政策、希望有一系列更有利的驱动事件、弥补差额这样的"标准"方式应对，很难修正结构性问题。这就是我把这些基模称为"陷阱"的原因。

当然，系统陷阱也是可以避开的，但前提是要预先识别出陷阱，并且能不陷入其中，或者通过改变结构，比如重设目标，增强、减弱或改变反馈回路，增加新的反馈回路等。因此，除了把它们叫作"陷阱"，我也把这些基模称为"机会"。

政策阻力，治标不治本

> 邓白氏公司首席经济师约瑟夫·邓肯（Joseph Duncan）说过："从历史上看，我相信投资税减免是刺激经济的一个有效措施。"
> 但是，怀疑者也大有人在。他们认为，无人可以证明经济发展得益于投资税减免。在过去 30 年间，这一政策一再被批准、调整和废除。
>
> 小约翰·库什曼（John Cushman, Jr.）
> 《国际先驱论坛报》，1992 年

就像我们在第 2 章讲到的，调节回路结构的主要表现是即便有外部力量推动系统，也没有太多变化。调节回路使系统稳定，使行为模式持续存在。对于我们每个人来说，这都是一个伟大的结构，因为它可以使我们的体温保持在 37℃左右。但是，有一些长期存在的行为模式可能并不符合人们的预期。尽管人们发明各种技术、采取多项政策措施，试图去"修复"它们，但这些系统好像很顽固，每年都产生相同的行为。这是一种常见的系统陷阱，人们习惯称之为"治标不治本"[①]或"政策阻力"。

在日常工作与生活中，"治标不治本"的例子比比皆是：

- 对于农产品，人们年复一年地采取各种措施，试图减轻供过于求的情况，但农产品过剩的问题仍然存在。
- 禁止、打击毒品的措施非常多，但毒品依旧泛滥。
- 当市场并不利于投资时，政府依然会出台投资税减免政策或其他刺激投资的政策，但事实上几乎没有什么效果。
- 在美国，不要指望任何一项单一的政策可以降低医疗成本。
- 几十年里，美国政府一直在"创造就业"，但失业率长期居高不下。

我相信你也可以举出一大堆类似的例子，人们积极地努力，但均徒劳无功。

"政策阻力"来自系统中各个参与者的有限理性，每一个参与者

---

① 原文为"fixes that fail"，在《第五项修炼》一书中被译为"饮鸩止渴"，本书译为"治标不治本"，因为一些应对措施只是不能从根本上解决问题，未必使问题恶化。——译者注

都有自己的目标，都会对系统进行监控，观察一些重要变量的变化态势，如收入、价格、房屋供给、交易或投资等，并将其与自己的预期或目标进行对比。如果存在差异，每一个参与者都会采取某些措施，试图扭转当前的局势。**一般来说，目标与实际状况之间的差异越大，行动就越显著。**

当各个子系统的目标不同或相互矛盾时，就会产生变革的阻力。想象一下单存量系统，不同的参与者试图将同一个存量拉向不同方向：吸毒者希望毒品供应充足；执法部门希望减少乃至杜绝毒品；贩毒组织则希望毒品的供应量既不太多也不太少，以保持价格相对稳定；普通居民真正想要的是社会治安稳定，以减少吸毒者抢劫的风险。每一个参与者都尽力采取措施，以实现不同的目标。

如果某一个参与者占据了优势地位，使得系统存量朝一个方向运动，那么，其他参与者会付出加倍的努力，把系统存量往相反方向拉：执法部门设法切断了毒品走私的渠道，导致毒品供应量减少；市面上毒品的价格暴涨，吸毒者不得不实施更多犯罪，以筹集到更多钱去购买毒品；价格暴涨给毒贩带来更多利润，使得他们可以更大力度地加强毒品的走私（如购买飞机或轮船以逃避边境检查）。结果，众多相互抵抗的力量形成了一个僵局，导致存量与以前的状况相比没有太大差别，而这也是每一个人所不希望看到的。

在一个具有"政策阻力"的系统中，多个参与者有不同的目标。如果任何一方的态度有所让步或放松，其他各方就会把系统往更靠近自己目标的方向拉，导致系统更加远离让步一方的目标。因此，每一方都不得不付出巨大的努力，以使系统保持在谁也不希望看到的状态。事实上，这一类系统结构以类似"棘轮"的模式在运作：**任何一

方加强努力，将导致其他所有人也加强努力。这种不断强化并僵持不下的模式很难缓解。好吧，为什么大家不能都退后一步呢？要做到这一点很难，需要大量的信任。

"政策阻力"的结局可能是悲剧：

> 1967年，罗马尼亚政府认为需要增加本国人口，遂做出决定：45岁以下妇女的流产行为是非法的，并开始一刀切地禁止各种流产行为。很快，出生率就增加了3倍。接下来，罗马尼亚的人口就遭遇了"政策阻力"的报复。
>
> 虽然避孕和流产仍然是非法的，出生率却缓慢回落到接近政策出台之前的水平，而育龄妇女死亡率较之前增加了3倍。这主要是由于存在大量危险的、非法的流产。此外，这项政策也造成孤儿大量增加，因为许多在流产非法时期出生的孩子，被并不想要他们的父母遗弃至孤儿院。一些贫困家庭无力抚养多个孩子，深知无法给他们良好的教育，于是抵制政府增加人口的政策，这不仅让这些家庭付出极大的代价，也让在孤儿院里长大的下一代付出巨大代价。

应对"政策阻力"的一种方式是，努力压制它。如果你拥有足够大的权力，你可以行使权力去压制它，但相应的代价可能是招致极深的怨恨，而一旦权力有所放松，则可能带来爆炸式的反弹。这就是罗马尼亚人口政策制定者尼古拉·齐奥塞斯库（Nicolae Ceausescu）所面临的状况。他长期用权力竭力压制对其政策的反抗。他的政府倒台后，他和家人都被处以死刑。新政府颁布的第一条法律，就是废除流产和避孕禁令。

相对于压制，应对"政策阻力"的另一种方式是，放弃、废止无效的政策，把花费在强迫和抵抗上的资源和能量用在更具建设性的目标上。这违反了人们的直觉，因而几乎是不可想象的。你不会放任系统不管，而它也不会像你想象的那样朝着错误的方向走太远，因为你试图修正的行为多数都会对你的行为做出反应。如果你安静下来，那些抵抗你的人也会安静下来。1933年，美国终止禁酒令时，这种情况就发生了，由酒引发的混乱也基本上平息了。

安静下来，可以为人们提供更深入地审视系统内部反馈的机会，让我们理解人们行为背后的有限理性，在让系统状态朝着更好的方向迈进的同时，找到满足系统各方参与者目标的行为方式。

例如，一个国家要提高人口出生率，可以先去了解为什么父母不愿意多生孩子，你会发现，并不是因为父母不喜欢孩子，而可能是因为他们缺少相应的资源、生活空间或时间，也可能是因为他们对未来缺乏安全感。在罗马尼亚禁止流产的同一时期，匈牙利也对低出生率感到忧虑，因为这可能会使未来缺乏足够的劳动力，从而导致经济衰退。匈牙利政府发现，拥挤的住房是影响家庭生育的一个原因，于是出台相应的奖励计划：人口较多的家庭可以拥有更大的房屋。这个政策起到了效果，但效果也很有限，因为住房只是影响生育的因素之一。但是，相对于罗马尼亚政府采取的政策，匈牙利的政策效果很明显，而且避免了灾难性的后果。

应对"政策阻力"最有效的方式是，设法将各个子系统的目标协调一致，通常是设立一个更大的总体目标，让所有参与者突破各自的

有限理性。如果每个人都能为了同一个目标和谐地相处（如果所有反馈回路都在为同一个目标服务），结果将令人惊奇。对此，人们最熟悉的例子就是战时的经济动员，以及战后或灾后的重建。

> 还有一个例子是瑞典的人口政策。20世纪30年代，瑞典的人口出生率陡然下跌，瑞典政府和罗马尼亚、匈牙利政府一样，也对此颇感忧虑。不同于罗马尼亚和匈牙利政府，瑞典政府评估了自己的目标以及国民的目标，认为双方有一个基本共识，那就是关键不在于家庭人口的数量，而在于育儿的质量。每个孩子都应该是被渴望的，都应该有条件接受优良的教育和获得健康保障，没有孩子只存在物质需求。这就是政府和国民共同的目标，可以把各方协调起来。
>
> 最后，瑞典政府出台的政策，在生育率低的时期看起来十分奇怪，因为它包括人们可以免费了解有哪些避孕措施、免费流产——这符合"每个孩子都应该是被渴望的"原则。这一政策也包括广泛地进行性教育、不过分限制离婚、免费的产科护理、对有需要的家庭给予支持，以及大大增加教育与医疗保健投资等。该政策出台之后，瑞典的人口出生率上升和下降数次，但都没有给国民和政府造成大的恐慌，因为政府一直关注的是比人口数量更为重要的目标。

有时候，并不能在系统中找到一个和谐的总体目标，但这是值得人们努力尝试的一个方向。只有放弃一些较狭隘的目标，考虑整个系统长期的福利，才有可能找到这一目标。

陷阱 1：政策阻力

当系统中的多个参与者将系统存量往不同的目标拉时，就会产生"政策阻力"。任何新政策，尤其是当它恰好管用时，都会让存量远离其他参与者的目标，因而会产生额外的抵抗，其结果是大家都不愿意看到的，但每个人都要付出相当大的努力去维持它。

对策

放弃压制或实现单方面的目标。化阻力为动力，将所有参与者召集起来，用先前用于维持"政策阻力"的精力，去寻找实现所有人目标的方式，实现"皆大欢喜"，或者重新定义一个更大、更重要的总体目标，让大家愿意齐心协力去实现它。

公地悲剧

经过数月的争吵，赫尔穆特·科尔（Helmut Kohl）总理领导的基督教民主联盟一周前与反对派社会民主党达成协议，收紧对避难申请的审批，以阻止大量经济移民的涌入。

《国际先驱论坛报》，1992 年

人们共享的有限资源，很容易出现开发（或消耗）逐步升级或增长的态势。这时，就容易陷入"公地悲剧"陷阱。

1968年，生态学家加勒特·哈丁发表了一篇堪称经典的论文，文章开头以一个公共草场为例，指出：

> 试想一下，有块对所有牧民免费开放的草场。显然，每一个牧民都会在这片公共草场上尽力扩大自己的畜牧规模……他们会自觉或不自觉地、明确或含蓄地发问："如果我再增多一头牲畜，效益如何？"
>
> 由于牧民享有额外增加的牲畜的全部收入，所以牧民的正面效益接近+1。然而，如果每个人都这么做，将导致过度放牧，这个结果造成的影响要由大家共同承担。因此，对于单个牧民而言，负面影响只是若干分之一。
>
> 由此，每位理性的牧民都能得出结论，个人能采取的唯一明智的行动就是不断扩大牧群的规模。但是，这是每个共享开放牧场的人都能想到的。因此，悲剧就此酿成……每一个牧民都被锁定在系统中，迫使他们无节制地增加牲畜数量。然而，资源毕竟是有限的。每个人拼命追求自己的最大利益，最终的命运就是集体毁灭。

简单来说，这也是有限理性的结果。

在任何一个公共系统中，都有一些共享的资源（如草场）。对于那些容易出现"公地悲剧"的系统来说，共享的资源不仅是有限的，而且在过度使用时会出现严重的侵蚀和衰竭。也就是说，超过一定限度之后，资源越少，其自我再生的能力就越差，或者更可能的情况是被彻底破坏。以草场为例，草越少，牲畜就越容易把草连根吃掉；由于没了草根，土壤就容易被雨水冲刷走，变得更加贫瘠，草也就更难生长了。如此往复，这是另外一个恶性循环的增强回路。

任何一个公共系统都离不开资源的使用者（如奶牛和牧民），他们有很强的增长动力，且增长速度不受系统的状况所影响。拿单个牧民来说，没有理由、动机和强烈的反馈，使其不再扩大自己的牧群规模，从而防止过度放牧。相反，他们会尽最大努力去争取自己的利益。

对于那些充满期待的准移民来说，除了一心指望着从德国政府宽松的移民政策中受益，他们也没有理由去考虑这一现实，即太多移民不可避免地会迫使德国政府收紧相关政策。事实上，当得知德国政府正在讨论出台更为严格的移民政策的可能性时，更多的人行动起来，争取赶上"末班车"。

使用者越多，使用的资源也就越多，导致每一个使用者可用的资源减少。如果每个使用者都遵循公地的有限理性原则（"没有理由只让我一个人不扩大牧群规模"），就没有理由让任何人减少对资源的使用。就这样，资源的使用速度将超过资源能够承载的限度。因为使用者得不到这方面的反馈，过度使用资源的状况还在持续，资源也在日渐枯竭。最后，加速枯竭的回路开始启动，资源被破坏殆尽，而所有的使用者都将颗粒无收。

你可能会想，不会有人短视到最后让大家同归于尽吧？但不幸的是，这样的状况一再发生，以下只是几个很常见的范例：

- 对景色秀丽的国家公园来说，如果不限制游客数量，公园里将很快人满为患，自然美景被破坏殆尽。
- 使用化石燃料对每个人来说都有直接的好处，尽管由此会增加二氧化碳排放，产生"温室效应"，引发全球气候变化，但人们仍一如既往。
- 如果每个家庭想要几个孩子就要几个，却由整个社会负担所有儿童的教育、医疗保健和环境保护费用，那么新生儿的数量将很快超过社会能够负担的水平（正是这个例子使哈丁写了那篇著名的论文）。

这些例子都离不开对可再生性资源的过度使用，这是你已经在第2章中见过的结构。"公地悲剧"不仅可能出现在对公共资源的使用之中，也可能出现在对公共排污场地的使用中。如果一个家庭、公司或国家可以让整个社区来消化或处理其废物，那它就可以降低成本，增加利润，或实现更快增长。这样做收益很大，充其量只是和一部分污染物共存（也可能完全不会与之共存，如果它能把废弃物排放到河流下游或下风向的话）。在这种情况下，就没有合理的理由让污染者停止排放。在这些案例中，不论是一种资源，还是一个排污场地，影响公共资源使用速度的反馈回路力量都很弱。

如果你认为上述解释很难理解，那么问一问自己：你是否愿意为了减少空气污染而少开一天车？你是否愿意自己动手处理自己生产的垃圾？这一系统结构使得对整个社区和未来更负责任的行为对自己好处不大且成本高昂，反而不如自私行为更为便捷有利。

> "公地悲剧"之所以产生，一个重要原因是资源的消耗与资源使用者数量增长之间的反馈缺失了，或者延迟太长。
>
> **系统之思**
> THINKING IN SYSTEMS

防止"公地悲剧"有以下3种方式：

方式 1：教育、劝诫。 帮助人们看到无节制地使用公共资源的后果，激发人们的美德品行。劝说人们有所节制，以社会舆论谴责或严厉惩罚来威慑违规者。

方式 2：公共资源私有化。 将公共资源分割给个人，每个人都要对自己的行为负责。如果某些人缺乏自控力，对资源的使用超出了其所拥有的资源的承载能力，他们也只能自食其果，伤害不到其他人。

方式 3：对公共资源进行管制。 哈丁将这种选择称为"达成共识，强制执行"。管制可以采取很多种形式，从严格禁止某些行为，到推行配额制、许可制、税收调控以及鼓励措施等。要想奏效，必须有强制性的监管和惩罚措施。

上面所讲的第 1 种方式试图通过道德压力，使参与者对共同资源的使用低于承载限度，从而保护资源免遭耗竭之虞；第 2 种方式（私有化）在资源的状况及其使用之间建立起直接的反馈联系，让行动者同时对其行动的得与失负责，资源的占有者仍然可能过度使用资源，但他将为自己的无知或非理性买单；第 3 种方式（管制）通过监管者，在使用者和资源的状况之间建立间接的关联，要使这个反馈起作用，监管者必须有能力实施监管，并可以准确地把握公共资源的状况，同时也要有有效的威慑措施，并真心愿意维护整个社区的福利（他们不能不了解情况，也不能过于弱势或腐败）。

在一些"原始"文化中，人们通过教育和劝诫，世世代代有效地管理着公共资源。然而，哈丁并不相信这种方法总是有效。如果公共资源只靠传统或"信用"系统来保护，反而有可能让那些不尊重传统或不讲信用的人钻了空子，占了便宜。

相对于教育和劝诫，如果一个社会愿意让一些个体先尝尝教训，那么私有化的方案更为有效。但是，很多资源不能简单地被分割及私有化，例如大气和海洋，于是只剩下一种选择——"达成共识，强制执行"。

其实，生活中到处都有"达成共识，强制执行"的做法，大多数都十分常见，以至于人们往往习以为常、视而不见。每一种这样的安排既保护人们使用资源的自由，又限制人们无节制地使用公共资源。例如：

- 用交通信号灯管制繁忙十字路口的公共道路空间。每个人都要遵守交通规则，不能想什么时候通过就什么时候通过。然而，绿灯亮起，轮到你通过时，你可以更安全、更顺畅地通行。如果没有信号灯，每个人都随心所欲，反而会乱成一锅粥。
- 用计时收费设备来限制大家对于闹市区公共停车位的使用，它不仅收费，还会限制你占用停车位的时间。你不能想停哪儿就停哪儿、想停多久就停多久，但正因为有了计时收费设备，你有需要时，才有更高的概率找到停车位。
- 在银行，你不能"自助"存取钱，不管这对你来说多么方便。必要的安保设备和机制，如保险柜、安全门、保安等，能够防止你把银行当作公共资源。相应地，你自己存放在银行里的钱也受到了保护。
- 你不能随意占用某些特定波长的波段，因为它们被用于电台和电视台的广播。要想建立电台进行广播，你必须得到相关监管部门的许可。如果不对此类行为加以限制，电波信号将彼此覆盖，变得混乱不堪。

- 很多城市的垃圾处理系统运行成本高昂，千家万户不得不按照其生产的垃圾数量缴纳相应的垃圾处理费。这是把以前免费使用的公共资源转变为按使用量收费的监管系统。

你可能已经注意到，在上述这些案例中，"达成共识，强制执行"有很多种不同的表现形式：交通信号灯按照轮流放行的规则，让大家依次使用公共资源；车位计时收费设备采取的是按使用时间收费的规则；银行使用的是物理屏障加上严厉的惩罚；无线电广播频率的使用则需要向政府部门申请审批；垃圾处理收费恢复了缺失的反馈，使每个家庭感受到自己使用公共资源造成的经济影响。

大多数人在大多数时候都会遵守这些管制系统，只要大家能够达成共识，并理解彼此的目的。但是，所有管制系统都必须发挥强制监管与治安处罚的作用，惩罚那些偶尔出现的不合作者。

系统多棱镜

陷阱 2：公地悲剧

当存在一种公共资源时，每个使用者都可以从这种资源中直接获利，但是过度使用该资源的成本却要由所有人分担。因此，资源整体状况和资源使用者的决策之间的反馈关联非常弱，结果导致资源的过度使用及耗竭，最终每个人都没有资源可用。

对策

教育和劝诫使用者，让他们理解滥用资源的后果。同时，也可以恢复或增强资源状况及使用者之间的弱反馈关联，有两类做法：一是将资源私有化，让每个使用者都可以直接感受到对自己那一份资源滥用的后果；二是对于无法分割和私有化的资源，要管理所有使用者对资源的使用。

目标侵蚀

在本轮经济衰退中，英国人发现，经济一如既往地呈下行趋势。这一全国性的灾难，现在更被视作进一步衰退的预兆。《独立报》（Independent）在星期日的头版发表了一篇文章称："我们有一种不祥的预感，温莎城堡失火就是整个国家的写照，它源于一个全新的国家特征——无能……"

工党贸易与工业事务发言人佩斯顿勋爵（Lord Peston）坚称："我们知道我们应该做什么，但由于某些原因，我们现在无法去做。"

政治家、企业家和经济学家将原因归咎于政府未能给青年人提供合格的教育，从而导致劳动者和管理者的技能普遍不足，投资萎缩，经济政策不当。

埃里克·伊普森（Erik Ipsen）
《国际先驱论坛报》，1992年

一些系统不只是抵抗试图改变它的政策措施，竭力维持在一个谁都不愿意看到的不良状态，更糟糕的是，它们还在持续恶化。这是一种被称为"目标侵蚀"的基模。这类例子包括企业的市场份额逐渐下滑，医院的服务品质不断下降，河水或空气质量持续恶化，虽然定期节食但体重依然在增长，美国公立学校的状况日渐衰落，以及我自己越来越懈怠的慢跑计划。

通常，反馈回路中的主体（英国政府、企业、医院、体重超标的人、校长以及慢跑者等）会有一个目标或期望的系统状态。如果系统的实际状态与目标或期望存在差距，主体就会采取行动。因此，这是一个常见的调节回路，应该会使主体表现达到并保持在期望的水平上。

但是，在这些系统中，主体感知到的系统状态与系统的实际状态并不相同。一般而言，主体更相信坏消息，而非好消息。当实际表现有变化时，最好的结果会被当作偏差忽略掉，而最坏的结果却被记住了。这样，主体感知到的状况会比实际状况更为糟糕。

这个系统基模还有一个重要特点：期望的系统状态会受到感知到的系统状态的影响。也就是说，标准也不是绝对的。当感知到的表现下滑时，目标也可能相应地下调。因此，你可能经常在生活中听到类似这样的话："好吧，看来我们只能如此了。""唉，我们并不比去年做得差。""唉，看看周围，每个人都麻烦不断。"

本该使系统状态维持在一个可接受水平上的调节回路却被一个具有向下趋势的增强回路所掩盖。也就是说，**感知到的系统状态越差，期望就越低；期望越低，与现状的差距就越小，从而采取的修正行为越少，而修正行为越少，系统的状态也就越差**。如果任由这一回路运转下去，系统的表现就会不断变差。

这一系统性陷阱也被称为"温水煮青蛙效应"。它源自一个古老的故事（我不知道是否真实），说的是如果把一只青蛙突然放到热水中，它会立刻跳出来，但是，如果把它放到凉水中，逐渐加温，青蛙就会舒服地待在那儿不动，直到被煮死。也许青蛙会想："这里好像变热了一些，但是与刚才相比，也不是那么热，没有什么大不了的吧。"

由此可知，目标侵蚀是一个渐进的过程。如果系统状态快速改变，通常会引发明显的修正过程。但是，如果系统状态逐步下降，使参与者忘记系统之前一直保持的良好状态，每个人都会不知不觉地将期望值越降越低，努力越来越少，实际的表现也就越来越差。

对于目标侵蚀，有两个对策：一是不管表现如何，都要保持一个绝对的标准；二是不断用目标与过去最佳标准对照，而不是与最差的表现相比。 如果感知到的情况比较乐观，而不是相对悲观，或者如果将最佳结果作为标准，而视最差结果为临时性的挫折，那么同样的系统结构就能把系统状态拉向越来越好的表现。下行的增强回路，即"破罐子破摔"的恶性循环，将逐渐变成一个向上的增强回路——"事情越好，我就越努力工作，把事情做得更好"。

如果我能把这一教训应用于慢跑，说不定现在我都可以跑马拉松了。

系统多棱镜

✖ **陷阱 3：目标侵蚀**
　　允许标准受过去表现的影响，尤其是当人们对过去的表现评价偏负面时，将启动一个目标侵蚀的增强回路，使得系统表现不断下滑。

◯ **对策**

保持一个绝对的标准。更好的状况是,用过去最佳表现来提高标准,而不要受过去最差表现的干扰。这么做,系统结构没有变化,但能让目标和系统表现朝着更好的方向发展。

竞争升级

星期日,一名以色列士兵被绑架,并受到死亡威胁,除非以色列军队迅速释放被囚禁的加沙地区的领导人。这次绑架,引发了一波激烈的暴力冲突……三名巴勒斯坦人受枪伤,一名以色列士兵在巡逻途中被一辆过往的车辆袭击致死。除此之外,加沙地区摩擦不断,示威者向以色列军警抛掷石块,而以色列士兵则向示威者开枪并发射橡皮子弹,至少导致 120 人受伤。

克莱德·哈伯曼(Clyde Haberman)
《国际先驱论坛报》,1992 年

在本书前面的部分,我提过一个竞争升级的例子,就是小孩子打架的系统。你打我一拳,我就踢你一脚;你用了一分劲儿,我就还你两分……很快,两个人就会打得不可开交。

"我就比你多一点"是导致竞争升级局面出现的决策规则。**竞争升级源于一个增强回路——相互竞争的参与者都试图超越对方,占据上风。**系统中参与各方的目标都不是绝对的(把室内的温度设定为

18℃），而是相对的，取决于系统中其他参与者的状况。

就像其他系统陷阱一样，竞争升级也不一定就是坏事。如果大家竞相争夺的是一些符合人们预期的目标，例如研发出速度更快的计算机、治疗艾滋病的方法等，它就能加速整个系统的进步。但如果它驱动的是恶性对抗、暴力、争吵、噪声或愤怒，那它就真的是一个很危险的陷阱了。竞争升级最常见且最可怕的例子是军备竞赛、地区或种族之间不可调和的矛盾与冲突。

每一个参与者期望的系统状态都是相对于其他参与者而言的，并且他们还试图超越对方，领先一步，连并驾齐驱都不行。

> 冷战时期，美国和苏联竞相夸大对方的武器装备实力，只为了使自己不断发展更多军备的行为显得合理。一方每增加一件武器，都会导致另一方急忙赶超对方。虽然每一方都指责对方搞军备竞赛，但从系统的角度看，是他们自己在使对抗不断升级。他们自己生产的武器触发了一个"多米诺骨牌效应"，使他们未来需要生产更多的武器。这一系统耗费了数十亿美元，拖累了两个超级大国的经济，生产出令人难以想象的大规模杀伤性武器，对世界安全构成巨大威胁。

竞争升级另一个常见的例子是，竞选中的负面宣传。为了取胜，一名候选人诽谤对手，对手就会反击，如此发展下去，每个竞选人都被搞得几乎一无是处，同时也玷污了整个民主进程。

此外，还有价格战。一方为了战胜竞争者报出低价，另外一方就会出更低的价格，引发连锁反应，如此发展下去，每一方都会遭受损失,但没有任何一方愿意认输、让步。最终可能导致一方破产或两败俱伤。

为了吸引消费者的注意力,相互竞争的两家公司在打广告时也会竞相出招,导致竞争升级。

例如,一家公司的招牌做得亮一些,推销声音大一些、更吸引人;另外一家就会把招牌做得更大、更亮,推销声音更响、方式更炫。第一家公司只好想办法再度超过对手。如此发展下去,广告就变得无孔不入(出现在邮件里、电话里),过分花哨、吵闹,直到消费者变得麻木,对每一则广告都没留下什么印象。

在鸡尾酒会上,一个人大声说话,就会导致其他人必须以更大的声音交谈,反过来又使得那个人必须以更响的声音说话,如此循环,使得整个聚会吵闹不堪;同样,相互竞争导致豪华车的车身不断加长;摇滚乐队的恶俗程度不断加剧……诸如此类,不胜枚举。

竞争升级也可能是平静的、礼貌的,是与效率、精妙、质量相关的。但即使竞争升级朝着好的方向发展,也可能出现问题,因为它不容易停下来。

例如,每家医院都竞相引进更先进、功能更强大、更昂贵的诊断设备,试图胜过其他医院,而最后却使得医疗保健成本大大超出了人们的承受限度;对道德品格的过度追求,也可能导致装腔作势或假仁假义的伪善;艺术方面的竞争升级,导致艺术风格从精美的巴洛克式发展到过分装饰的洛可可式，再发展成低劣媚俗之作；对环境友好生活方式的过分追求，也可能发展成刻板、极端的清教主义。

由于竞争升级的系统结构是一个增强回路，它会以指数级方式发展起来，一旦超过某个限度，便会使竞争激化的速度超出绝大多数人的想象。如果不加制止，这一过程通常会使竞争的一方被打倒，甚至是两败俱伤。

应对竞争升级系统的一种方式是，单方面裁军，也就是一方主动让步，降低其系统状态，从而引导竞争对手也降低状态。 按照系统逻辑，这一选择几乎是不可想象的。但实际上，它确实奏效，只要一方真有这样的决心，并且他没有被短期内获得优势的对手击倒。

应对竞争升级系统的另一种更为优雅的方式是，谈判达成裁军协定。 这是一种结构性的改变，关系到系统设计。它将引进一组新的平衡控制回路，使竞争能够被控制在一定程度内。例如，父母介入调解来制止孩子们的争吵，针对广告的大小和投放等出台一些规定，在武装冲突地区部署维和部队等。对于竞争升级系统，停战协议通常不容易达成，而且对于参与各方来说，也从来不会是皆大欢喜，但是相对于深陷其中而言，停战是更好的选择。

<big>系统多棱镜</big>

✗ **陷阱 4：竞争升级**

当系统中一个存量的状态取决于另外一个存量的状态——它试图超过对方或相反，那么就构成了一个增强回路，使得系统陷入竞争升级的陷阱，表现为军备竞赛、财富攀比、口水仗、提高声音或暴力升级等现象。由于竞争升级以指数级形式变化，它能以令人惊异的速度导致竞争激化。如果什么也不做，这一循环也不可能一直发展下去，最后的结果将是一方被击倒或两败俱伤。

○ **对策**

应对这一陷阱的最佳方式是避免陷入这一结构之中。如果已经深陷其中，一方可以选择单方面让步，从而切断增强回路；或者双方可以协商出一个拥有调节回路的新系统，从而对竞争升级有所控制。

富者越富，竞争排斥

最富有的那些人，在所有纳税者中只占1%，在避税方面具有相当大的灵活性……他们可能现在已经拿到奖金，而不计入下一年的收入（那时税率水平会提高），将股票期权变现……并且想方设法提前拿到各种收入。

西尔维娅·娜萨（Sylvia Nasar）
《国际先驱论坛报》，1992年

利用积累起来的财富、权力、特殊渠道或内部信息，可以创造出更多的财富、权力、渠道以及信息。这些都是另外一个被称为"富者越富"的基模的例子。在现实世界中，这一系统陷阱也比比皆是，竞争的赢家获得了有利条件，从而可以在未来获得更大的发展。从结构上看，这是一个增强回路，系统中的参与者会迅速被分化为两类：赢家和输家。前者的发展越来越好，后者则越来越差。

玩过"大富翁"游戏的人都知道"富者越富"的系统。游戏一开始，所有参与者都处于平等地位，当有人首先获得财产，并在自家地盘上盖起旅馆，就能从其他参与者身上赚取"租金"，这样他们就有钱买更多的旅馆。就这样，你拥有的旅馆越多，就可以得到更多的旅馆。最后，当一个参与者买了所有东西，或者其他参与者受挫而退出时，游戏就结束了。

圣诞节期间，每家都会在自家门外挂上精美靓丽的灯饰。如果有一年这个街区搞了一次评比，某一家因为灯饰最美丽而获得了 100 美元的奖励，第二年这一家很可能会在灯饰方面多支出 100 美元，从而使他家的灯饰更为漂亮；当这一家连续 3 年赢得胜利，他们家的灯饰每一年都比上一年更为靓丽时，这一比赛很可能就会被终止。

正如《圣经》所讲："凡有的，还要加给他，叫他有余。"赢家赢得的越多，他未来就有越大的获胜可能。如果这种竞赛发生在一个有限的环境中，比如赢家得到的都是从输家那里攫取的，那么输家逐渐就会破产、被迫离开或饿死。

在生态学领域，富者越富是一个广为人知的概念，也被称为"竞争排斥法则"。按照这一法则，争夺完全相同的资源的两个不同物种，不能共生于同一个生态小生境之中。因为这两个物种是不同的，为了生存，每一个物种都需要更快繁殖，或者比对方更有效地使用资源。如果能做到这一点，一方将占有更多资源，而这将使其繁殖得更多，并持续保持优势地位。它将逐渐彻底主导这一小生境，并将落败的一方逼向灭绝——这通常不是通过直接的对抗来完成的，而是通过占用所有的资源，一点儿也不留给居于劣势的竞争对手。

马克思在抨击资本主义经济时也提到了这一陷阱。两家公司在同一个市场上竞争，与我们上面提到的两个物种在同一个小生境中竞争的行为模式完全一致。如果某一家公司通过各种手段，例如提高效率、恰当的投资、更好的技术，甚至是行贿等，获得了些许优势，它就会获得更多收入用于扩大再生产、新技术研发、做广告或者行贿等，这将启动一个资本积累的增强回路，从而使其生产能力与收入规模越来越大，与其他竞争对手的差距也越来越大。如果市场是有限的，也没有反垄断法阻止其不断扩大，只要这家公司选择再投资并扩大生产设施，它将占领全部市场。

在任何现有或曾经存在的竞争市场中，**市场竞争的本质从系统的角度看都是消除市场竞争**。正是由于存在富者越富的增强回路，美国众多汽车公司逐渐减少到三大巨头（由于存在反垄断法，所以不是一家）；在美国大多数主要城市，每个城市现在只剩下一家新闻类报纸；在每一个市场化的经济体中，我们也可以发现，从长期来看，农场数量存在下降趋势，而农场的规模则有扩大趋势。

富者越富这一陷阱会持续加大贫富差距，从而具有很大的危害性。不仅富人会比穷人有更多的避税方式，而且：

- 在大多数社会中，贫穷家庭的儿童要么失学，无法接受教育，要么只能到最差的学校接受最差的教育。由于缺乏必要的劳动技能，他们只能从事一些报酬很低的简单劳动，使他们难以脱贫。

- 低收入人群缺乏可抵押的资产，因而无法从大多数银行贷到款。如此一来，他们要么没有资本去投资，要么只能无奈之下通过非法渠道借高利贷，即使贷款利息是合理的，也是穷人支付利息，富人从众多穷人那里敛走利息。
- 在世界上很多国家或地区，土地都不是平均分配的。大多数农场主都是租用他人土地的佃户。他们必须把部分收成交给土地的拥有者，才能获得在那片土地上劳作的许可，也因此永远买不起土地，而地主则可以用从佃农那里收取的租金购买更多土地。

这些只是众多反馈机制中的少数几种，它们使得收入、资产、教育和机会的分配持续失衡且不断加剧。穷人只能买得起资源（如食物、燃料、种子、肥料等）的很小一部分，却要付出最高的价格，因为他们经常是无组织的、缺乏话语权的，政府也只用很小一部分支出去满足他们的需求。新的创意和技术往往最后才惠及他们，而疾病和污染却最先影响他们；他们要去做各种危险、低报酬的工作，除此之外别无选择；他们的孩子生活在拥挤不堪、犯罪率高、疾病横行的恶劣环境中，却无法接种疫苗。

那么，我们怎样才能规避富者越富的陷阱呢？

一种方式是多元化。一些物种和公司有时会采用这一策略，以规避互斥性竞争。一个物种可以通过学习或进化，去开发新的资源；一家公司也可能提供一种新的产品或服务，不与现有竞争对手直接抗衡。尽管生态小生境和市场会呈现单一化和垄断趋势，但他们也能衍生出多样化的分支，产生新的物种、新的市场等。一段时间之后，新的小生境或市场又会吸引来竞争者，再次使系统迈向互斥性竞争的态势。

因此，多样化也不能保证可以规避富者越富的陷阱，尤其是当占据垄断地位的公司（或物种）有力量摧毁所有分支，或者把他们买下来，或者剥夺他们赖以维持生存的资源。所以，多样化不能作为穷人的一个策略。

另一种方式是，通过植入一个反馈回路，避免任何一个竞争者完全掌权，使富者越富的反馈回路处于可控状态。这就是"反垄断法"理论上应该起到的作用，当然在实践中也能部分地起到类似作用。然而，大公司通过获胜赢得的资源之一便是减弱反垄断法管制力度的能力。

规避"富者越富"基模最明显的方式是，定期"校正"竞技场，防止一家独大。在传统社会和游戏中，设计者本能地在系统中设置了一些平衡或牵制各方优势的方式，使得游戏可以保持公平和有趣。例如，"大富翁"游戏开始时，每个参与者所拥有的都一样，这样不管之前战绩如何，每个人都有机会赢；很多运动为弱势参与者提供了一些额外支持；很多传统社会中也有一些本土化的仪式，类似北美地区印第安人的"冬节"——富人会拿出他们的很大一部分财产分给穷人。

有很多机制可以打破富者越富、贫者越贫的循环，例如，税法中对富人征收更多税的（硬性）规定、社会慈善、公共福利、工会、全民基础性义务教育和医疗保健、征收遗产税（让每一代都有可能洗牌重来）等。大多数工业社会都有一系列应对富者越富陷阱的措施组合，以保证社会公平，而一些传统社会则通过类似"冬节"或其他施舍馈赠的方式，实现社会财富的再分配，从而巩固馈赠者的社会地位。

这些均衡机制可能源自基本的道德，也可能来自实践中对富者越富循环后果的理解，比如失败者可能会因为破产、彻底失望而"揭竿而起"，造成破坏性结局。

系统多棱镜

✕ **陷阱 5：富者越富**

如果在系统中，竞争的赢家能获得进一步获胜的手段，那就形成了一个增强回路。如果这一回路不受限制地运转下去，最后只能是赢者通吃，输家满盘皆输。

○ **对策**

多元化，即允许竞争中落败的一方退出，开启一场新的博弈；反垄断法，即严格限制赢家占有的最大份额比例；修正竞赛规则，限制一些最强参与者的优势，或对处于劣势的参与者给予一些特别关照，增强他们的竞争力；对获胜者给予多样化的奖励，避免他们在下一轮竞争中拥有绝对优势，从而造成不公。

转嫁负担，成瘾

你们可能也感觉到了，我们正处在一个惊人的螺旋式下降的过程之中。因为越来越多的成本被不断转嫁到工商企业身上，他们的负担不断加剧，使得更多的工商企业主无力给雇员缴纳保险……现在每个月，全美大约有 10 万人正在失去健康保险。

他们中有很多人都符合联邦医疗补助计划的受益条件。但是，由于各州政府不能出现赤字，他们都被排除在政府救济之外，要么缺乏教育资金，要么无力支付抚养孩子的开支，要么是税款抬高，使得他们无法从事其他投资。

比尔·克林顿（Bill Clinton）
《国际先驱论坛报》，1992 年

据说，如果你想使一位索马里人发怒，只要拿走他的阿拉伯茶就行了……阿拉伯茶是由一种常绿灌木新鲜的嫩枝和叶芽制成的，在药理学上，它和安非他命有关。

22 岁的阿卜杜卡达尔·马哈茂德·法拉（Abdukadr Mahmoud Farah）说他从 15 岁就开始嚼茶叶："原因是它能让我不去想当前的状况。嚼茶叶时，我感到快乐。我好像能做任何事情，我也不会感到疲倦。"

基思·里奇伯格（Keith Richburg）
《国际先驱论坛报》，1992 年

大多数人都能理解个人对酒精、尼古丁、咖啡因、糖等的成瘾，但并非每个人都知道，在一些大型系统中也存在成瘾症状，并有各种不同的表现形式。例如，一些行业对政府补贴的依赖，农民种地对肥料的依赖，西方国家经济体系对廉价石油的依赖，或者军火制造商对政府合同的依赖等。

这一陷阱有很多名称，包括成瘾、依赖、将负担转嫁给干预者[①]等。该系统的结构包括一个存量以及相关的流入量和流出量。这一存量可能是客观存在的，如农作物产量，也有可能是形而上的，如幸福的感觉、自信等。同时，这一存量由一个参与者调节。该参与者有一个预设的目标，通过将其感知到的该存量的实际状态与预设目标对照，决定要采取的行动。**这本质上是一个调节回路，要么改变流入量，要么调节流出量。**

举例来说，假如你经营着一家业绩不佳的公司，而只要你有办法获得政府补贴，就可以使公司运营下去，并维持自己体面的社会地位。或者，你是一位农夫，想在贫瘠的土地上提高农作物的产量，只要大量施肥，你就能获得不错的收成，根本不用费力提高土壤的肥力。

问题在于，通过类似干预措施创造的系统状态不会持久：幻象终会消失；政府补贴会用完；化肥会被作物吸收或耗损掉。

我们周围类似成瘾、依赖或转嫁负担的范例还包括：

- 以前养老由家庭承担，对于一些家庭来说，负担很重。于是，人们开始建设社会保障体系、退休养老社区和养老院。现在，大多数家庭不再有时间、空间、技巧或意愿去

---

① 原文为"shifting the burden to the intervenor"，直译为"将负担转嫁给干预者"。干预者本来可能是好心，想帮忙，但是却"惹火烧身"，越陷越深，难以自拔；被帮助者则会产生依赖性，越来越需要干预者的帮助或干预。在《第五项修炼》等书中，这一基模被译为"舍本逐末"或"饮鸩止渴"（二者在本质上是一致的）。——译者注

185

赡养老人。
- 过去，长途运输主要通过铁路，短途通勤依靠地铁和公共汽车；后来，政府通过建设高速公路，改变了这一状况。
- 以前，小孩子都能心算或借助纸和笔计算，但随着计算器的普及，孩子们的计算能力大大下降。
- 人体能够通过自身的免疫系统，对一些疾病（如天花、肺结核和疟疾等）产生抗体，但是随着疫苗接种和抗生素等药物的使用，人体自身的免疫力不断下降。
- 现代医疗技术和药物的发展改变了人们主动保健的意识和对健康生活方式的重视，而把这种责任转嫁给了医生和药物。

将负担转嫁给干预者有可能是一件好事。有时候，人们也会有意而为之，从而提高系统保持在期望状态的能力。例如，通过接种天花疫苗，可以实现对天花病毒的完全免疫，如果疫苗效果持久，这无疑比人通过自身天然的免疫力获得的不完全保护要好。因此，有些系统可能真的需要一个干预者。

但是，干预也可能变成一个系统陷阱。如果系统内部的自我修正反馈机制不足以（或甚至只能勉强）维持系统的状态，此时，一个善意的、有能力的外部人员看到系统的艰难，挺身而出，承担了部分工作量。很快他帮助系统恢复到大家都希望的状态。于是，大家都来感谢或祝贺，干预者自己通常也会沾沾自喜。

紧接着，原来的问题又出现了，因为干预者只是承担了部分工作，而并未采取任何措施去消除问题的根源。于是，干预者再次采用类似方案去掩饰系统的真实状态时，问题仍无法得到解决。这使得干预者必须更多地应用最初介入的方案。

如果这种干预削弱了系统原本维持其自身状态的能力——不论干预者是主动破坏还是无意忽略，陷阱就形成了。一旦系统的自我调节能力萎缩了，就需要更多的外部干预措施才能达到期望的效果。这进一步削弱了系统自身的能力，如此循环……

为什么每个人都会跌入陷阱？首先，干预者可能无法预见最初看起来迫切需要的少量介入措施将启动一连串连锁反应，使自己越陷越深。随着系统对干预者的依赖日益增加，干预者的能力最终也会被逐渐耗尽。美国医疗保健系统正是在经历了这样一系列事件之后，苦苦挣扎，急需改革。其次，被帮助的个人或团队可能未想到长期失控的可能性，也没有想到不断将负担转嫁给强有力的干预者会增加自己的脆弱性。

如果干预措施是药物，就会药物成瘾。一旦陷入某项成瘾行为，你陷得越深，就会陷得更深。1934年创立于美国俄亥俄州的"嗜酒者互诫协会"对"成瘾"的定义之一，就是一再重复同一种愚蠢的行为，以期得到不同的结果。

在解决问题时，也容易产生"成瘾"的状况。这通常指的是针对问题的症状，寻找一个快速见效但不太彻底的解决方案，这妨碍人们花费更大的精力、采取更长期的措施去解决真正的问题，或者转移了人们的注意力。具有成瘾性的政策是阴险的，因为它们很好"兜售"，也很简单，容易让人上当。

举例来说，虫害威胁到农作物的生长，怎么办？与其系统地审视并控制耕种方式、单一作物栽培模式、自然生态系统破坏等导致虫害爆发的诸多因素，不如喷洒杀虫剂。虽然这样能快速消灭害虫，但也会导致更大范围的单一作物栽培，以及生态系统的更大破坏。这将导致未来更大规模的虫害爆发，于是不得不使用更多杀虫剂。

再比如，油价上涨了，怎么办？与其承认石油这样的不可再生性资源最终将枯竭，想方设法提高燃油的利用率，或转向其他能源，不如控制价格。在20世纪70年代世界石油危机爆发时，面对油价的暴涨，美国和苏联的第一反应都是控制石油价格。在这种情况下，我们可以假装什么也没有发生，继续使用石油，而这只能使资源枯竭问题更加严重。当这一政策不再奏效时，就会爆发石油战争，或者只能去勘探更多的石油。就像一个喝醉酒的人在屋子里到处搜寻另外一瓶酒，我们也在到处污染海洋、侵入最后的处女地，只为找到另外一块大油田。

打破成瘾结构是痛苦的。这可能是因为油价上涨、石油消费下跌所引发的经济阵痛，或者昆虫侵害的后果以及由此带来的天然捕食者数量的恢复。戒除意味着拒绝采用那些快速见效但有明显副作用的措施，从根本上面对系统的真实状态（通常是逐渐恶化的），并采取那些能彻底解决问题的根本措施①。有时候，戒除可以逐步完成。有时候，可以采用一种非成瘾性政策，以最小的扰动使系统恢复原有的自我调适能力。例如，针对药物

> 戒除成瘾，回到非成瘾的状态固然是值得肯定的，但更理想的状况是：提前预防，防止成瘾。
> **系统之思** THINKING IN SYSTEMS

---

① 通常这些针对问题症状、可以快速见效但"治标不治本"的解决方案，被称为"症状解"；能从根本上彻底解决问题的方案，被称为"根本解"。——译者注

成瘾者，提供团体支持，以恢复其自我认知；做好房屋保温，提高汽车的单位使用成本，以降低石油消耗；采用混养或农作物轮种的方式，以减轻农作物面对虫害时的脆弱性。然而，有时候可能没有别的办法，只能快速戒掉坏习惯，并承受相应的痛苦。

要想防止陷入成瘾状态，需要以适当的方式干预，即增强系统自身应对负担的能力。"帮助系统改进自身"这一选项，可能比接管并运作系统成本更低，也更容易，但一些自由派政治家似乎无法理解。**秘诀在于，不要以英雄式的接管开始，而是从提出一系列问题开始。**这些问题包括：

- 为什么自然的修正机制不奏效呢？
- 如何移除影响成功的各种障碍？
- 如何让推动成功的各种机制更为有效？

系统多棱镜

陷阱 6：转嫁负担

面对一个系统性问题，如果采用的解决方案根本无助于解决潜在的根本问题，只是缓解（或掩饰）了问题的症状时，就会产生转嫁负担、依赖和成瘾的状况。不管是麻痹个人感官的物质，还是隐藏潜在麻烦的政策，人们选择的干预行动都不能解决真正的问题。

如果选择并实施的干预措施，导致系统原本的自我调适能力萎缩或受到侵蚀，就会引发一个破坏性的增强回路。系统自我调适的能力越差，就需要越多的干预措施，而这会使得系统的自我调适能力变得更差，不得不更多地依赖外部干预者。

> **对策**
>
> 应对这一陷阱最好的办法是提前预防，防止跌入陷阱。一定要意识到只是缓解症状或掩饰信号的政策或做法，都不能真正地解决问题。因此，要将关注点从短期的救济转移到长期的结构性重建上来。

如果你是干预者，要想办法恢复或增强系统自身解决问题的能力，然后择机抽身退出。

如果你是患有依赖症的人，在摆脱干预措施之前，要建立起自己系统的内在能力。要马上行动。你拖得越久，戒除的过程就越艰难。

规避规则

卡尔文：霍布斯，我有一个计划。

霍布斯：什么计划？

卡尔文：如果我从现在到圣诞节，每天自发地做 10 件好事，圣诞老人会仁慈地对待我。我的人生将从此揭开新的一页。

霍布斯：好的，这是你的机会。苏茜正朝这里走过来。

卡尔文：或许我可以从明天开始，每天做 20 件好事。

《国际先驱论坛报》，1992 年

存在规则的地方，就存在"规避规则"的可能。规避规则意味着，采取一些迂回措施，虽然在名义上遵守或不违反规则的条文要求，但在本质上规避了系统规则的原本意图。如果规避规则导致系统产生严重的扭曲或不自然的行为,那它就是一个需要警惕的问题:**一旦失去控制,规避规则会使系统具有强大的破坏性。**

一些扭曲了自然界、经济体系、组织和人性的规避规则行为,可能是毁灭性的。以下是一些案例,有些很严重,有些稍微好一些:

- 一些政府部门、大学和公司经常在财政年度末产生一些无意义的支出,只是为了花钱。这是因为,如果它们今年不把预算内的钱花完,明年就有可能会被砍掉一些预算。
- 20 世纪 70 年代,美国佛蒙特州出台了一项土地利用法案,被称为《250 法案》(Act 250)。该法案对面积为 10 英亩(约 4 万平方米)及以下的住宅开发设置了复杂的审批流程。现在,佛蒙特州有非常多仅比 10 英亩大一点的住宅项目。
- 为了减少粮食进口、扶持本地种粮农民,一些欧洲国家在 20 世纪 60 年代限制饲料进口。在制订进口限制措施的过程中,没有人想到木薯——一种富含淀粉的根状作物,也是一种很好的动物饲料。因此,木薯并未被列入限制目录。所以,进口商以前是从北美进口玉米,而自那之后变成了从亚洲进口木薯。
- 美国《濒危物种法案》规定,禁止对濒危物种栖息地进行商业开发。于是,一些土地拥有者在自己的土地上发现了濒危物种时,就有意地对其进行猎杀或投毒,以便自己的土地可以被继续开发。

请注意,"规避规则"会产生遵守规则的表象。当附近有一辆警车时,司机会遵守限速规定;因为木薯没有被列入谷物饲料的范畴,所以进口木薯不算是进口饲料；当领地内有濒危物种时，可以在把它们杀死之后再开发……因此，这只是遵守了"法律上的条文"，却没有恪守法律精神。规避规则的行为提示我们，需要从整个系统的角度，重新修订法律，弥补自身存在的一些纰漏。

规避规则通常是下级对上级制定的刻板的、有害的、不切实际或不明确的规则的反应。对于规避规则的行为，一般有两种应对方式：

一种方式是，通过强化规则及其实施力度，试图扑灭规避规则的行为。但这通常会激起系统更大的变形。以这种方式应对，将使人们在陷阱中越陷越深。

另一种方式是，把规避规则看作有用的反馈，修订、改善、废除规则，或更好地解释规则。这将是系统的机会所在。更好地设计规则，意味着要尽可能预见到规则对各个子系统的影响，包括可能出现的各种规避规则的行为，并调整系统结构，充分发挥系统的自组织能力，将其引导到符合系统整体福利的方向上来。

系统多棱镜

✗ **陷阱 7：规避规则**

任何管控系统的规则都可能导致规避规则。所谓规避规则，就是表面上遵守或未违背规则，但实质上却不符合规则，甚至扭曲了系统的异常行为。

○ **对策**

设计或重新设计规则，从规避规则的行为中获得创造性反馈，使其发挥积极作用，实现规则的本来目的。

第 5 章　系统之危与机，系统的 8 大陷阱与对策

目标错位

政府本周五正式承认了经济学家们几个月来一直在谈论的一则消息：日本未实现一年前设定的 3.5% 的经济增长目标。1991 年 GNP 增长率为 3.5%，1990 年是 5.5%。本财政年度一开始，经济就始终处于停滞或萎缩状态……既然经济增长预测已被大幅拉低，来自政界和工商界的压力很可能会迫使财政部采取经济刺激措施。

《国际先驱论坛报》，1992 年

我在本书第 1 章说过，影响系统行为最有力的方式之一就是调整它的目的或目标。这是因为，目标设定了系统的方向，定义了需要采取校正措施的差距，并指示着调节回路运作的预期状态以及成败。如果目标定义不当，不能测量应该被测量的东西，不能真实地反映系统的状态，那么系统就不可能产出期望的结果。就像传统神话故事中可以许的三个愿望一样，系统也有一个可怕的趋势，即只会产出你要求它们产出的结果。所以，一定要慎重地对待系统的目标。

如果期望的系统状态是国家安全，并将其定义为军费开支数额，那么系统就会产生军备开支。这可能带来国家安全，也可能不能。事实上，如果军备开支过高，超出了合理、必要的限度，用于不切实际的武器研发，或者挤占了经济建设投资，国家安全形势甚至可能受到破坏。

如果期望的系统状态是良好的教育，并以平均分摊到每位学生身上的教育经费为衡量标准，就能确保教育经费用到每一位学生身上。

如果以标准化的考试成绩作为教育质量的衡量标准，就会产生提高考试成绩的行为。当然，这些标准是否与良好的教育相关，是值得考虑的。

在印度推行家庭计划生育的早期，该项目标准被定义为宫内避孕器放置的数量。于是，医生为了完成任务，往往未经病人同意就在病人体内放环。

这些案例往往将努力与结果混为一谈，其中最常见的错误就在于系统设计时定错了目标。也许在此类错误中，最为严重的就是以GNP作为衡量国家经济成就的指标。GNP是国民生产总值，反映的是一国经济当期生产的最终产品和服务的货币价值。作为衡量人类幸福的指标，从推出的那一刻起，对它的批评之声就几乎没有中断过：

> GNP不能反映我们子女的健康、他们的教育质量以及幸福感。它也不包括诗歌艺术之美、婚姻关系的牢固、公开辩论的智慧，或者政府公务员的廉正。它既不能测量我们的聪明才智，也无法测量我们的勇气、智慧、学习能力、同情心以及爱国之心。简而言之，除了使生命有价值的东西，它衡量一切。

国民经济核算系统与国民经济的真实状况相去甚远，因为它不记录我们的家庭生活，只是一张我们消费情况的热度图。

此外，GNP也将好的和坏的混在一起。如果有更多的交通事故，就会产生更多的医疗账单和维修费用，推高GNP。而且，它只计算被交易的产品和服务。如果每对父母都雇人来抚养子女，GNP就会提高。它不反映分配的公平性。富人购置昂贵的第二套住房，对 GNP 的贡献要大于贫困家庭购买的廉价保障性住房。它衡量的是努力的过程而不是成就，衡量的是产品和消费的总额而不是效率。一盏新的节能灯，同样的亮度只需耗费 1/8 的电量，使用寿命也比传统灯泡长 10 倍，而推广它却会拉低 GNP。

GNP 衡量的是"生产率"，也就是每一年制造和购买的材料流量，而不是资本存量，然而房屋、汽车、计算机、立体声音响等才是真正的财富和喜悦的来源。可以说，在最好的社会状态下，资本存量会通过最低的而不是最高的流量来加以维持和利用。

虽然我们有理由希望经济繁荣昌盛，但并没有什么理由希望 GNP 不断提高。然而，世界各国政府都将萎靡不振的 GNP 视为经济不振的信号，并会采取各种行动推动 GNP 的增长。其中很多行为纯属浪费，比如刺激一些低效率的、无人想要的产品和服务的生产；有一些则可能适得其反，会威胁经济、社会或环境的长期发展，比如短期内为了刺激经济发展而过度砍伐森林。

如果用 GNP 来定义社会目标，社会就会尽全力去创造 GNP。除非你在目标中明确设定并定期衡量、报告福利、公平、正义或效率等指标，否则就无法产出它们。如果各个国家设定了不同的目标，如致力于以最低的生产率，或最低的婴儿死亡率、最大的政治自由、最清洁的环境、最小的贫富差距等去实现最高的人均财富，而不是尽力实现最高的人均 GNP 指标，那么，世界会有很大的不同。

追求错误的目标、陶醉于错误的指标是与规避规则恰恰相反的一个系统特征。在规避规则的情况下，系统试图逃避某个不受欢迎或设计不当的规则,尽管在表面上仍遵守这一规则,而追求错误的目标时,系统忠实地遵守规则,并产出了特定结果,但实际上这并非每个人都真正需要的。如果你发现,"因为这就是规则"而发生了一些愚蠢的事情,你就面临着追求错误目标的问题;如果你发现,"因为有办法绕过规则"而发生了一些愚蠢的事情,你就面临着规避规则的问题。围绕同一个规则,这两种系统扭曲现象可以同时存在或发生。

系统多棱镜

陷阱 8:目标错位

系统行为对于反馈回路的目标特别敏感。如果目标(满意度指标)定义不准确或不完整,即使系统忠实地执行了所有运作规则,其产出的结果也不一定是人们真正想要的。

对策

恰当地设定目标及指标,以反映系统真正的福利。一定要特别小心,不要将努力与结果混淆,否则系统将只产出特定的努力,而不会产出你期望的结果。

系统寓言
THINKING IN SYSTEMS

帆船设计的目标

过去,人们参加帆船比赛,不是为了赢取百万美元大奖或国家荣誉,只是为了享受这项运动的乐趣。

他们用自己已有的船只比赛，这些船都有日常用途，比如钓鱼、货物运输或周末游玩。

　　但人们很快发现，如果比赛船只能在速度和机动性上基本一致的话，比赛会更加有趣。于是，规则改进了，人们根据长度、风帆受风面积以及其他参数，将船只划分为不同等级，规定选手只能在同一级别上进行比赛。

　　很快，专门为比赛设计的不同类型的帆船出现了。这些船尽可能地提高了单位帆面积的推进速度，减轻了标准尺寸船舵的重量。这些船往往奇形怪状、很难操控，根本不像是你想去海钓或周末出游时驾驶的那一类帆船。随着比赛变得更加严肃，规则也愈发苛刻，船只设计也更加怪异。

　　现在，比赛的帆船都非常快速、极其灵活，但是几乎不适于航海。它们需要专业的运动员和船员来驾驶掌控。除了比赛，没人会觉得那些美洲杯帆船赛上的赛艇有任何其他用处。那些船根据现有比赛规则被极度优化了，以至于失去了所有适应力。只要规则发生任何一点变化，它们都将变成一堆废物。

THINKING IN SYSTEMS

第三部分

改变系统

THINKING IN SYSTEMS

第 6 章

系统之杠杆点，
系统的12大变革方式

IBM 宣布增加裁员 25 000 人，并大幅压缩研发开支，下一年的研发费用将减少 10 亿美元……董事会主席约翰·埃克斯（John Akers）说，IBM 在研发方面仍然是世界和行业的领先者，但还可以通过"转向增长的领域"，即服务业，来加以改进，这需要较少的资本，但从长期看利润回报也不高。

―――――

劳伦斯·马尔金（Lawrence Malkin）
《国际先驱论坛报》记者

第 6 章 系统之杠杆点，系统的 12 大变革方式

在了解系统的上述机制之后，你可能会问：我们如何改变系统的结构，以便更多地产生我们所期望的结果，并尽量减少不期望的情况呢？对此，基于多年来对企业中系统性问题的深入研究，麻省理工学院的福里斯特教授告诉我们：一般管理者都能很准确地定义当前的问题，识别产生这些问题的系统结构，并基本能够猜中到哪里去寻找"杠杆点"。也就是说，在系统中的某处施加一个小的变化，就能导致系统行为发生显著转变。

"杠杆点"这一概念并非系统分析独创，它根植于人们的日常生活与很多神话故事之中，如"银弹"[①]、飞机配平片、特效疗法、秘密通道、魔法口诀、扭转历史潮流的孤胆英雄、几乎不费力气地穿越或跨过巨大障碍的方法等。人们不仅愿意相信存在杠杆点，也很想知道它们到底在哪里，以及如何运用它们。**杠杆点就是权柄。**

但是，福里斯特继续指出，虽然身处系统之中的人通常能凭直觉判断去哪里寻找杠杆点，但多半是往错误的方向推动系统变化。

[①] 银弹在欧洲民间传说及 19 世纪哥特小说中被描绘成针对狼人、吸血鬼等超自然力量的武器。——编者注

这方面最典型的例子，发生在我做世界模型系统分析时。应罗马俱乐部[①]邀请，福里斯特组织了一个研究小组，目的是探究一些全球性的重大问题，如贫穷和饥荒、环境破坏、资源枯竭、城市衰败以及失业等，是如何相互关联以及发展演进的。**利用系统动力学的方法，福里斯特开发了一个计算机模型，并找出了一个明确的杠杆点：增长**。不只人口在增长，经济也在增长。在带来好处的同时，增长也有成本，特别是一些我们无法计算的成本，包括贫穷、饥荒、环境破坏等。可以说，我们研究清单上的所有问题，都与增长有关。而我们所需要的，是一种更慢的增长，是一种完全不同的增长模式，在有些情况下甚至是不增长或者负增长。

世界各国领导人也都将经济增长作为解决各种问题的答案，这一点没错，但他们尽力在将系统推往错误的方向。

福里斯特的一部经典著作是于1969年出版的《城市动力学》（*Urban Dynamics*）。福里斯特在书中指出，低收入家庭住房补贴是一个杠杆点。补贴越少，城市状况越好——对于城市中的低收入人群也是如此。这一模型推出时，正值美国大规模推行低收入家庭住房补贴政策。福里斯特的观点在当时受到很多人的批评和嘲笑。但从那之后，一个又一个城市废除了这项政策。

拿福里斯特的话来说，复杂系统的特征之一是"违反直觉"，而

---

① 罗马俱乐部是一个由企业家、政治家和科学家组成的国际团体，在20世纪70年代资助麻省理工学院系统动力学小组，使用系统动力学方法和计算机模拟技术，研究世界人口和实体经济增长的原因及后果。该项研究成果汇集成书《增长的极限》，该书出版后受到全球广泛关注。——译者注

第 6 章 系统之杠杆点，系统的 12 大变革方式

寻找和撬动杠杆点也通常不能靠直觉。即便是符合直觉的，我们也会将它们用错方向，结果把试图解决的问题弄得更糟。

在我看来，对于动态、复杂的系统而言，要想找到杠杆点，没有快速或简单的公式，如果给我几个月或几年，我可以发现杠杆点，但因为它们是违反直觉的，即使我真的发现了系统的杠杆点，也几乎没有人会相信我。这让人很受打击，也很痛苦。对于那些不只是希望了解复杂系统，还想做些事情让我们这个世界变得更美好的人来说，更是如此。

正是在这样一个挫折时刻，我在一次有关全球贸易体制的会议上举出了几个可以干预系统的杠杆点。尽管还不完善，但我愿意在下面讨论这个清单，目的是抛砖引玉，希望能够帮助大家更好地找到系统的杠杆点。那天在我脑海中浮现出来的几个泡泡是我在几十年来对很多不同种类的系统进行严谨分析的基础上提炼出来的，其中也包含了很多其他智者的成果。但是，复杂的系统就是复杂的系统，对其进行一般化的归纳是十分危险的。下面你读到的内容不是"成品"或定论，而仍然是"在制品"；它们也不是寻找杠杆点的"处方"，相反，你可以把它们看作一个邀请，希望你能以更广阔的视角来思考系统的变化。

随着系统复杂度的增加，它们的行为也变得更加令人惊奇。想象一下你的活期存款账户，你可以存款和开支票，如果账户有足够大的余额，就会有一些利息流入，此外也会有一些银行费用流出，如果你的账户里没有钱，就会产生一笔逐渐累积的债务。现在，让你的账户与数千个账户关联，并且允许银行将所有这些账户的结余存款作为贷款贷出去；更进一步，上千家这样的银行连接起来，形成一个联邦储

备系统。你会发现，一些简单的存量和流量，相互连接起来，将创造出一个非常复杂且处于动态变化之中的系统，其复杂程度超乎想象。

这就是为什么杠杆点经常是违反直觉的。系统理论说到这里已经足够，该进入这份清单了。

12. 数字，关注各种常数和参数

想象一下我们在第 1 章提到的浴缸，那是一个基本的存量—流量系统。在那个系统中，存量和流量的大小及变化快慢都可以用数值来表示：如果水龙头的阀门转动不灵活，得花很长一段时间才能把浴缸注满或关掉水龙头；如果下水道堵塞，流出量的数值就很小。这些参数中，一些是固定不变或者被物理锁定的，但很多是可变的。这样一来，就有很多可调控的点。

再考虑一下国家的债务体系。它看起来像是一个很奇怪的存量，是一个漏钱的"大窟窿"。这个"大窟窿"不断变大的速率被称为年度财政赤字。政府的税收收入会填补、缩小这个窟窿，而政府的各种开支、花费又会加大这个窟窿。国会和总统会花费大部分时间讨论增加（政府开支）或减少（税收）这个窟窿大小的很多参数。由于这些流量也与选民相关，因此这些参数也会成为政治筹码。但是，不管这些争论有多激烈，也不管是哪个党派在执政，近年来，这个漏钱的"大窟窿"都一直在扩大，区别只是速度快慢而已。

为了控制我们每天呼吸的空气的清洁度，政府设定了一些被称为

"空气质量"的标准参数；为了确保永久的森林存量，政府设定了年度可砍伐量等指标；为了维持利润水平——底线，公司会调整诸如工资率或产品价格等参数。

每年用于环境保护而不被允许砍伐的土地面积、最低工资、政府在艾滋病研究或者隐形轰炸机上投入的经费、银行从你的账户上收取的服务费等，所有这些都是参数，是对水龙头阀门的调节。而单位解雇或招聘新人，包括政府公务员，也是在调整参数。此外，通过改变阀门转动的速度，也可以对系统进行调节。但是，如果还是使用原有的旧阀门往原有系统中注水，并根据同样的旧信息、目标和规则转动，系统行为不会有大的变化。把票投给克林顿还是老布什，肯定有很多不同，但如果每一任总统都置身于同样一个政治系统之中，那么从本质上看并没有什么不同。改变国家财政系统中金钱流动的方向，或许可以产生显著变化，但这就扯得太远了。

在我看来，通过数值（即流量的大小）来调节系统是效力最低的一种方式。只是调整一些细枝末节，就像重新布置泰坦尼克号甲板上的座椅一样。然而，我们会把90%——不，是95%，甚至99%的注意力都集中在参数上，尽管它们并不会起到太大的杠杆作用。

这并不是说参数不重要。在短期内，或者对于那些与流量直接相关的个体而言，它们可能是很重要的。人们非常关注税收和最低工资等政策，并为之不断争取奋斗。但是，改变这些变量极少能改变国家经济系统的行为。如果系统长期增长滞缓，参数变了几乎也不可能使其快速激活；如果系统是剧烈波动的，参数变化一般也不会使其稳定下来；如果是增长失控，参数也无法使其减缓。

不管我们如何限制竞选捐款，都无法彻底净化政治。美国联邦政府无论如何调整利率，也无法改变经济周期（在经济向好时，我们经常会忘掉它，而在经济陷入衰退时，我们又会一再感到震惊）。在实行了数十年世界上最严格的空气污染标准之后，洛杉矶的空气质量虽有所改善，但远非洁净。扩大警用开支，也没有消除犯罪现象。

由于下面我会展示一些数字作为杠杆点的案例，在这里我想先提出一个郑重声明：**只有当参数开始进入清单上较高项目之一的范围时，它才会成为杠杆点。**利率或出生率控制着增长回路的收益。系统目标是能够产生巨大差异的参数。这些关键参数几乎不像人们所认为的那样普遍。大多数系统已经进化或被设计得远远超出关键参数的范围，因此，大多数情况下，关注这些数字没有太大的价值。

以下是一个朋友通过网络和我分享的一个故事，能很好地说明这一点：

当我想把自己的房子租出去时，我花了很多时间和精力，试图算出"公平"的租金到底是多少。

我试着考虑所有的变量，包括房客的相对收入、我自己的收入和现金流需求、日常维护费用，以及资本开支、资产净值与抵押贷款利息率的比、我为房屋付出的劳动价值等。

结果，我彻底迷失了。于是，我找了一个理财顾问去咨询。她说："你认为似乎有一个精确合理的租金水平，在这个水平之上，房客就被剥削了，而在这个水平之下，你又被压榨了。但事实上，并不存在这样一条明确的线。在你和房客之间，是一个较大的灰色区域——在这个区域之内，你们都可以达成合理的交易。所以，别再自寻烦恼了，照常过日子吧。"

11. 缓冲器，与流量相关的稳定存量

想象一下，有一个巨大的浴缸，流入和流出速率较缓慢；同时，有一个小号的浴缸，但流入量、流出量很大。这就是湖泊和河流的区别。相对于湖泊而言，河流更容易出现泛滥成灾的情况，因为与河流相比，湖泊的存量相对更大，也更加稳定。**在化学和其他一些学科领域，一个较大、较稳定的存量被称为"缓冲器"（buffer）。**

缓冲器具有保持稳定的力量。因此，你会把钱存入银行，而不是把它放到自己钱包中（日常生活费用开支作为其流量）；同理，商家会保持一定的库存量，而不是等顾客买走存货之后才马上订购新的货；为了保护濒危物种，我们需要使该种群的数量大于最低繁殖数量；由于美国东部没有更大的钙存量去中和酸性物质，所以东部的土壤相对于西部的土壤对酸雨更加敏感。

通过提高缓冲器的容量，我们通常可以使系统稳定下来。但是，如果缓冲器过大，系统也将变得缺乏弹性，它对于变化的反应速度将过于缓慢。同时，要建立、扩大或维护某些缓冲器的容量，也需花费巨大的时间和资金，例如建设水库或仓库等。为此，一些企业发明了以零库存为目标的准时制库存系统。在这些企业看来，与耗费巨资维持固定的库存相比，偶尔的波动或缺货造成的损失并不是很大。此外，较小的库存也具有更大的灵活性，可以更快地响应需求的变化。

所以，有时候很神奇，改变缓冲器的大小会成为杠杆点。但是，缓冲器通常是物理实体，不太容易改变。例如，美国东部土壤对酸性物质的吸收能力就不是缓解酸雨危害的杠杆点；由混凝土浇筑的水库大坝的蓄水能力也是固定不变的。因此，在这个清单中，我并没有把缓冲器排得太靠前。

10. 存量—流量结构，实体系统及其交叉节点

存量、流量，以及它们的实际排布对于系统如何运作具有巨大影响。以前，匈牙利的道路系统以首都布达佩斯为中心，从该国一端到另一端的所有车辆都必须穿过布达佩斯市中心，这导致了严重的空气污染和交通拥堵。该国采取过多项控制污染和治理拥堵的措施，包括安装并改造大量的交通信号灯、出台限速政策等，但都没有什么效果。

如果可以的话，修正该系统的唯一方式就是重建道路系统。落基山研究所的艾默里·洛文斯（Amory Lovins）带领他的团队，通过把弯曲的管道变直、把过窄的管道扩大等简单的措施，在节约能源方面取得了令人惊奇的效果。如果我们对美国所有建筑都做类似的节能改造，节约下来的能源足以让很多发电厂关门。

但是，实体系统的重建通常是改变系统最慢也是最昂贵的办法，有的存量—流量结构甚至可能是不可改变的。

美国人口"生育高峰"一开始给小学教育造成了压力，接着是中学、大学，然后是就业和住房；现在，社会又不得

不考虑如何支持大量人口的退休养老需求。对此，我们基本上束手无策，因为 5 岁的人会变成 6 岁，64 岁的人会变成 65 岁，这都是可预测且不可阻止的。同样，这也可用来解释，对臭氧层有破坏作用的氟利昂分子的生命周期，因为低效率的汽车大军需要耗费 10～20 年才能被淘汰，也因为污染物会以一定的速度被清除出大气层。

物理结构对系统至关重要，但它们很少是杠杆点，因为改变物理结构通常不太容易而且见效慢。恰当的杠杆点，需要从一开始就设计好。一旦实体结构建立起来，要想找到杠杆点，就需要理解系统的限制和瓶颈，在尽可能发挥它们的最大效率的同时，避免出现超出其承受能力的较大波动或扩张。

9. 延迟，系统对变化做出反应的速度

反馈回路中的延迟对系统行为有着显著影响，它们通常是造成振荡的普遍原因。如果你试图调节一个存量，使其达到你的目标，但是你接收到的有关存量状态的信息存在延迟，你就会面临矫枉过正或未达目标的状况；如果信息是及时的，但你的反应速度存在延迟，情况依然如此。

例如，建设一座运行寿命可能超过 30 年的发电厂需要耗费数年，这些延迟使得发电厂的建设数量不能很好地匹配快速增长的用电需求。即使有非常好的预测能力，也难免在用电紧张（供不应求）和供过于求之间反复振荡，几乎世界上所有国家的电力工业都经历过类似状况。

存在长期的延迟时，系统无法对短期变化做出反应。这就是大规模中央计划经济体系必然运作不佳的原因，比如苏联或通用汽车公司。

因为我们知道延迟很重要，所以只要愿意去找，我们就能发现它们。

从污染物被倾倒到地上，到其渗透、污染地下水之间，存在延迟；从某一个儿童出生，到其长大成人、准备生儿育女之间，存在延迟；从某项新技术首次试验成功，到其被市场接纳、广泛采用之间，存在延迟；从利用价格调整供需不平衡，到达成目标之间，也存在延迟。

在居于主导地位的反馈回路中，若反馈过程中存在延迟，将对存量变化的速度产生重要影响。如果延迟时间太短，容易导致反应过度，手忙脚乱，并因过分敏感而导致振荡被放大；相反，如果延迟时间太长，将导致反应迟钝，或震荡的突然爆发，这取决于延迟的时间到底有多长。对于存在某个临界值或危险点的系统来说，一旦超过一定限度，过长的延迟将造成不可逆转的伤害，从而导致矫枉过正以及系统崩溃。

> 既然时间延迟无法消除，那么，放慢系统的增长速度，使得技术和价格可以与增长保持一致，将具有更大的杠杆作用。
>
> **系统之思**
> THINKING IN SYSTEMS

我将延迟的长度列为一个高杠杆点，但事实上，延迟通常并不容易改变。很多事物的发展有其内在规律，该花多长时间就得花多少时间。你不可能一夜之间积累起一大笔资本，孩子不可能在一夜之间长大，森林也不可能在一夜之间长成。但是，减缓变化的速度一般并不难做到，这样的话，虽然反馈中的延迟不可避免，但也不至于造成很大的麻烦。这就是在我排列的杠杆点清单中，成长速度位于延迟之前的原因。

同样，这也可以解释为什么在福里斯特的世界模型中，放缓经济的增长速度与加速技术开发或放开市场价格相比，是一个更大的杠杆点。它们都是试图加快调整速度的措施，但是，现实世界的实体资本存量（如工厂、设备、应用技术等）变化不会那么快，即使面对新的价格或创意也是如此——其实，价格和创意本身也不会马上变化，更不要说全球文化。

当然，如果在系统中存在可变的延迟，那么，改变延迟就能取得显著效果。但是，你必须非常小心，确保自己正在往正确的方向改变。例如，在金融市场上，用力减少信息和资金转移的延迟，只能加剧金融风暴。

8. 调节回路，试图修正外界影响的反馈力量

现在，我们把关注的焦点从系统的实体部分转移到信息和控制部分，在这些地方存在更多的杠杆点。

调节回路在系统中是普遍存在的。大自然具有极强的平衡和自我进化能力，人体也能精妙地调控自身，把一些重要的存量维持在安全边界内。温度调节器系统就是一个典型案例。它的目标是将存量（室内温度）维持在期望的水平上。任何一个调节回路都有如下 3 项要

素：一个目标（如设定的室温）、一套检测是否达到或偏离目标的监测设备（如温度计），以及一个反应机制（如加热炉、空调、风扇、水泵、水管、燃料等）。

一个复杂的系统内部通常有不计其数的调节回路，因此具有较强的自我修正能力，可以适应不同的状况和影响。多数时间里，其中一些调节回路可能是不起作用的，例如核电厂的应急冷却系统，或者人体通过流汗、打寒战来维持体温的机制等，但这些回路的存在对于系统的长期健康而言是至关重要的。

我们常犯的一个大错误是试图扔掉这些"应急"反应机制，因为它们不常被使用，而且看起来成本不菲。短期来看，这样做似乎没有什么影响；但从长期来看，这样做会大大降低系统对不同状况的适应力。在这方面，最令人心痛的一个例子就是，人类对濒危物种栖息地的侵占；另一个例子是，我们很多人将更多时间用于工作、赚钱，而忽视了休息、娱乐、社交和思考。

调节回路具有将相关联的存量保持在预定目标值附近的能力。而能力大小主要取决于该回路上所有参数及其关联性的状况，它们决定了调节回路监测的准确性与速度、反应的灵敏度和力度、校正流量的直接性以及规模。有时，这些地方就存在着杠杆点。

正如很多经济学家相信，市场是一种调节型的反馈系统。它们的确具有神奇的自我调节能力，例如价格会随供求状况而波动，并调节供求状况，使其保持相对平衡。对于生产商和消费者来说，价格是市场的"晴雨表"，是核心信息。价格机制越清晰、透明、及时、准确，市场运作就越顺畅。如果价格反映了全部的成本信息，消费者就能知道自己实际可以支付多少，而高效的生产商也能赚得足够的利润。毫无疑问，公司和政府都注意到了市场价格的杠杆效应，并且试图通过补贴、税赋以及其他方式调节价格，但是结果往往南辕北辙。

实际上，这些调节扭曲了市场信息，从而弱化了市场信号的反馈力度。在这里，真正的杠杆其实是不要干预，因此，有必要制定反垄断法、广告法、防治污染法、反不当补贴法，以及其他各种干预市场自由竞争的措施。

如今，一些强化市场信号并使其更清晰易懂的方法（如全成本核算等）不会走得太远，因为另外一组调节回路被大大削弱了，包括民主政治体制。从设计原理看，它已经在人民和政府之间设置了自我修正的反馈机制。人民享有选举代表的权力，并通过公开的信息，了解他们所选代表的所作所为，从而据此投票，决定让其继续履职或下台。这一过程的有效运作，有赖于选民和代表之间自由、完整、准确的信息流。为此，国家每年都要耗费数十亿美元，以防止信息的偏差。如果让那些试图扭曲市场价格信号的人有权力影响政府领导，让信息传播者成为自私自利的合作伙伴，这些必不可少的调节回路将难以有效运作。市场和民主都将受到侵蚀。

在寒冷的冬日，人们通常都会紧闭门窗。只有这样，温度调节器系统才能正常运作。如果你把所有门窗都打开，与这种突如其来的变化相比，温度调节器系统

调节回路的力量需要与其修正的影响大小相对应，这一点至关重要。影响的力量越大，调节回路的实力也要越强，否则就有可能无法发挥修正的作用。

系统之思
THINKING IN SYSTEMS

的调节能力就不匹配了，室温会迅速下降，该系统就不起作用了。

再如，以前人们依靠传统的捕鱼设备，海洋渔业生态具有良好的调节能力，但是后来，人们发明了声呐定位、大功率拖船以及其他先进的设备，使得捕捞能力迅速提升。与这种变化相比，海洋系统的调节能力难以应对，海洋渔业资源迅速退化。

与此类似，一些大企业也需要强大的政府加以审查和管控；经济全球化也使得跨国监管和全球治理显得越来越重要。

为了改善系统的自我修正能力，我们需要增强调节回路的力量，以下是一些实例：

- 通过预防医学、锻炼和良好的营养补给，来提高人体战胜疾病的能力。
- 推行综合虫害治理，鼓励以增加自然捕食者的方式来控制害虫。
- 通过信息公开法案，来限制政府的舞弊。
- 建立环境破坏监督报告系统。
- 对私营企业征收排污费、污染税、履约保证金等。

7. 增强回路，驱动收益增长的反馈力量

调节回路是自我修正的，而增强回路是自我强化的。它每运作一次，就能获得更大的运转力量，驱动系统行为朝一个方向发展。

例如，越多的人患上流感，就有更多的人会被传染；新生儿越多，他们长大之后就会生育更多的孩子；你在银行里的存款越多，你得到的利息就越多，从而你的钱就会更多；土壤流失越严重，地上的植被就越稀少，土壤就越容易板结并被雨水冲走，从而导致更多的流失；临界质量中的高能中子越多，它们与原子核的碰撞就越多，从而产生更多的高能中子，导致核爆炸或熔毁。

增强回路是系统中出现增长、爆发、腐蚀和崩溃的根源。如果系统中存在一个不受抑制的增强回路，该系统最终会被摧毁。这就是它们比较罕见的缘故。通常，一个调节回路或早或晚都会发挥作用，来抵消增强回路的影响。

对于流感来说，易感人群都感染了，或者人们采取了更有效的预防措施，流感的增强回路就受到了抑制；对于人口增长来说，随着人口增加，死亡率也会上升，与出生率持平，或者人们看到了不加限制地生育的后果而采取各种节育措施，使出生率降低，这样一来，人口的增强回路就会受到限制；对于土壤流失来说，所有土壤都被冲刷走了，露出岩层，而数百万年之后，岩石也会粉碎变成新的土壤，或者人们停止过度放牧，兴修水利、植树造林，土壤流失便会慢慢停止。

在上述所有例子中，最初的结果是增强回路若不受约束可能出现的状况，后者则是在增强回路的基础上，增加了一个调节回路进行干预，以减少增强回路自我放大的力量。

在世界模型中，人口和经济增长率都是杠杆点，因为只有通过技术、市场和其他调节措施（所有这些机制都有一定的局限性和延迟）减缓人口和经济的增长，才能让很多调节回路有时间发挥作用。同样，开快车时，降低行驶速度，是预防交通事故更为有效的杠杆点，而不能光指望刹车的响应速度或者其他先进的驾驶技术。

在社会中，有很多增强回路使得资源向竞争中的赢家倾斜或集中，使得他们在之后的竞争中变得更为强大，这就是前文所说的"富者越富"的陷阱。富人因有余款放贷而获得利息，穷人却要因资金匮乏而贷款并支付利息；富人可以雇用理财师，找到政治上的靠山，在扩大收入的同时减少税赋支出，而穷人却做不到；富人可以让子女接受良好的教育，给子女留下丰厚的遗产，而穷人也做不到。与"富者越富"增强回路强大的力量比起来，"扶贫项目"这一调节回路是软弱无力的。如果能够弱化增强回路的力量，则可能有效得多。一些值得探讨的做法包括征收累进式收入税、遗产税，以及提高社会公共义务教育水平等。如果富人可以使政府削弱而非强化这些措施，那么政府本身就从一个平衡调节性结构转变为一个强化"富者越富"系统的力量，后果不堪设想！

> 一般来说，与加大调节回路的力量相比，减少增强回路的产出，也就是说放缓增长的速度，可能是更有力的杠杆点，而且其结果比听任增强回路不受约束地运行更好。
>
> **系统之思**
> THINKING IN SYSTEMS

围绕出生率、利率、（土壤）流失率以及"富者越富"等增强回路去寻找杠杆点时，越深入，收获的可能性也会越大。

6. 信息流，谁能获得信息的结构

在第 4 章，我们探讨了荷兰在住房开发过程中安装电表的故事，一些电表被安装在地下室，另外一些则被安装在前厅。在房间没有其他区别的情况下，后者家庭的电力消耗比前者低 30%，差别仅仅在于电表是否被安装在更容易被人们看到的位置。

我很喜欢这个故事，因为它说明系统的信息结构是一个高杠杆点。它不涉及参数的调整，也不是对现有反馈回路的强化或弱化。它是一个新的回路，让人们在之前得不到反馈的地方获得反馈。

信息流的缺失是系统功能不良最常见的原因之一。增加或恢复信息可能是一个强有力的干预方法，而且通常比重建系统的物理基础设施更容易、成本更低廉。举例来说，摧毁全球渔业的"公地悲剧"之所以发生，就是因为在渔业资源状态（即海洋里还有多少鱼）和捕捞能力投资决策（即是否要投资建设渔船）之间，几乎没有反馈回路。与经济学观点不同，我并不认同鱼的价格可以提供上述反馈信息。相反，鱼越稀缺，鱼价就越高，也就让捕鱼人觉得更有利可图，从而不辞辛苦地出海，把仅剩的一点鱼也捕捞殆尽。这是一个不恰当的反馈，是一个最终导致崩溃的增强回路。因此，我们真正需要的不是价格信息，而是剩余鱼群数量的信息。

> 信息流的缺失是系统功能不良最常见的原因之一。增加或恢复信息可能是一个强有力的干预方法，而且通常比重建系统的物理基础设施更容易、成本更低廉。
>
> 系统之思
> THINKING IN SYSTEMS

在恰当的地点、以有效的方式恢复缺失的反馈是非常重要的。以另外一个"公地悲剧"抽采地下水为例，仅仅告诉每一个用水者"地下水位正在下降"是不够的，甚至可能导致人们竞相把井打得更深。相反，把用水价格与地下水的蓄积量挂钩，也就是说当抽采速度超过地下水的补充速度时，迅速提高水价，可能更为有效。

其他一些有效反馈的例子并不难找。想象一下，纳税人可以了解到自己所缴税款的用途（激进民主！）；每一个城市或公司的取水管都放到污水排水管所在河流的下游；任何一个打算投资建设核电厂的政府官员或企业老板，都得在自家的草坪上堆放核电厂排放的废物；每一位鼓吹宣战的政客都得自己上前线（这是一个很老套的例子）……

人类存在一种避免对自己的决策承担责任的系统性倾向。这就是为什么有如此多的反馈回路缺失了，也能说明为什么这类杠杆点受一般大众的欢迎，而在有权势的人那里却不受欢迎。如果你能让有权势的人允许它发挥作用，我相信会是有效的。

5. 系统规则，激励、惩罚和限制条件

规则定义了系统的范围、边界和自由度。例如，《圣经》中说"不可杀人"；宪法规定"每个人都有言论自由的权利"；总统的任期为4年，并且连任不超过两届；商务活动的基本规则是"合同具有法律效力"；棒球的规则是每队9个人，你需要触到每一个垒，3次击球失败就出局；如果你抢劫银行并被抓住，就要去坐牢。

宪法是社会规则最强有力的例子。物理定律（如热力学第二定律）是绝对的规则，也就是说不管我们是否理解或喜欢它们，它们都起作用。**法律、处罚、激励以及非正式的社会约定都是人为规则，强度依次降低。**

为了展示规则的力量，我会在课堂上让我的学生想象一下，如果改变大学规则，会是一幅什么景象？假设让学生来评价老师，或者相互评价；假设没有学位，你想学习一些新东西时，就来上大学，学到了就离开；假设根据解决现实世界问题的能力，而不是根据发表的学术论文数量来授予教授职位；假设以小组为单位来评分，而不是个人……

当我们努力重塑规则，并且明白这些规则的变化如何影响人们的行为时，我们才能真正懂得规则的力量。它们是高杠杆点。掌控规则的权力才是真正的权力。这就是为什么国会制定新的法律时，说客会云集首都；为什么负责解释和制定宪法的特别法院，甚至比国会的权力还要大（宪法是制定规则的规则）。如果你想了解系统功能失调最深刻的原因，那就特别留意这些规则以及是什么人拥有控制规则的权力。

当别人向我介绍新的世界贸易体系之后，我的系统直觉使我警觉起来，也正是基于这个原因。这一体系的规则由大公司制定，由大公司运作，服务于大公司的利益。它的所有规则几乎都排除了来自社会其他方面的任何反馈。它的大部分会议也是封闭的，甚至对于媒体也不公开，没有信息流，没有反馈。它迫使各个国家进入一个追逐自身利益最大化的增强回路之中，相互竞争，并且破坏环境，削弱社会的安全保障，以便能够吸引到公司的投资。这一"处方"将触发"富者越富"的回路，产生巨大的权力集中和中央计划经济体系，并最终摧毁自我。

4. 自组织，增加、变化或改进系统结构的力量

有机系统和一些社会系统具有的最惊人的功能，是它们能够通过创造全新的结构和行为，彻底改变自身。在生物系统中，这种能力被称为"进化"；在人类社会、经济领域，则被称为技术进步或社会革命。用系统的语言来讲，这被称为"自组织"。

> 自组织是系统具有适应力的最高表现形式。一个能够自我进化的系统，可以通过改变自身，来适应各种变化，以维持生存。
>
> **系统之思**
> THINKING IN SYSTEMS

"自组织"意味着系统可以改变自身的任何一个方面（这个清单中等级较低的那些方面），包括增加全新的物理结构（如大脑、翅膀或计算机等）、增加新的调节回路或增强回路，或者新的规则。

人类免疫系统有能力应对之前没有遇到过的各种伤害，人类的大脑可以捕获新的信息并突然冒出一些全新的想法，都是这个原理。

自组织的力量看起来非常神奇，以至于我们倾向于将其视为神秘的、不可思议的或神化了的事物。比如经济学家经常把技术当作魔法，它们不知道是从哪儿冒出来的，也没有什么成本，但是每年都可以稳定提高生产力。长期以来，人们一直对大自然中令人叹为观止的

多样性保持着同样的敬畏之心。只有神奇的造物主才能做到这一点。

对自组织系统进一步的研究表明，如果真的存在一个神奇的造物主，他也不能创造出进化的奇迹。他、她或者它只不过是设定了非凡的自组织规则。这些规则在全局上左右着在什么情况下，系统应该在哪儿增减、如何增减、做哪些增减：

> 大量自组织计算机模型表明，只是根据一组很简单的规则，就能够衍生出非常复杂、令人惊讶的模式。DNA携带的遗传代码是所有生物进化的基础，它也只是由4个不同的字母组成，每3个字母组合成不同的单词。这种模式及其复制和重组的规则，在一些物种身上保持了30亿年未变，而在这个漫长的进化过程中，涌现出数量难以想象的自我进化的生物变种，有的很成功，有的则失败了。

要想实现进化，自组织机制需要一些原材料，以及一些实验、变异和测试，以便能够从海量、多变的信息存量中选择出可能的模式，并对各种新模式进行检测。对于生物进化来说，原材料是DNA，基因突变是多样性的来源之一，测试机制是不断变化、适者生存的环境。对于技术演进来说，原材料是各种研究机构和科研人员，通过多种机制，例如图书馆、论文以及人的大脑等，创造、继承和累积、存储了大量的科学知识，多样化的来源是人的创造力，而测试机制可能是市场竞争，也可能是政府和基金会组织的赞助，或者人们的需求等。

当你理解了系统自组织的力量，你就更容易理解，为什么与经济学家推崇的技术相比，生物学家更加推崇生物多样性。经过亿万年的进化和积累，DNA的存量非常巨大，这正是无限进化潜能的来源。

相比之下，虽然科学图书馆、实验室、大学以及研究人员等也有很多，一代代研究者不断被培养，构成人类技术潜能的来源，但这显然无法和生物遗传基因的多样性相比。当今时代，大量物种濒临灭绝，如果任由这种情况发展下去，从系统的角度看，就是在犯罪。这就像把某个科学分支或领域的所有书籍、杂志全部销毁，或者让某一类科学家全部消失一样。

同样的状况也出现在人类文化上。虽然没有几十亿年的积累，但经过数千年的积淀，人类文化也是多种多样的，是人类各种行为的储藏所，也是人类社会进化的宝贵财富和源泉。然而，人们并不那么珍惜或欣赏社会文化中所蕴含的宝贵的进化潜能。相比而言，人们对此的重视度甚至还比不上对地松鼠某一项基因变异的关注。我认为，部分原因在于几乎每种社会文化都认为只有自己的文化才是最优的。

强调单一的文化认同关闭了学习的大门，也削弱了人类社会的适应力。任何系统，包括生物、经济或社会系统，如果变得如此单一，也就会变得僵化且难以自我进化；如果某一个系统，在结构上鄙视、限制实验，不允许差异和多样性的存在，并消除了这一创新的原材料，从长期来看，将注定灭亡。要记住，我们生活的这个星球是高度多元化的。

在这里，介入点是很明显的，但通常并不受欢迎，那就是：**鼓励多样性和试验**。在很多人看来，多样性意味着"失控"——让1 000种花朵自由绽放，任何事情都有可能发生！谁喜欢这样呢？还是让我们更稳妥一些吧，把杂草除掉，种上自己喜欢的花朵，这样会显得更为美观、整洁。但是，**消除了多样性，无论是对生物系统，还是对社会、文化或市场，都将是一场灾难**。

3. 目标，系统的目的或功能

为什么系统的目标是一个杠杆点，而且要比系统的自组织能力更为优先考虑？这是因为，**推动人们试图控制、消除多样性的动因，正是系统的目标**。如果目标是将全世界都置于一个中央计划体系的控制之下，就像迪士尼或沃尔玛等构建的"帝国"一样，那么我们上面提到的所有可能的选择，例如物理存量和流量、反馈回路、信息流，甚至自组织行为，都要顺从这个目标。

这就是我不参与"基因工程是好事，还是坏事"这一争辩的原因。就像所有技术一样，是好是坏取决于谁来使用它以及要实现什么目标。唯一可说的是，如果公司将其用于生产市场化的产品，那将是一个非常不同的目标，有不同的选择机制以及进化方向，与我们这个星球上目前所见的所有事物都不同。

就像前文提到的单一循环的例子显示的那样，系统内大多数调节回路都有自己的目标——保持浴缸里的水位、保持适宜的室内温度、保持充足的库存量、保持足够的蓄水量。对于系统的组成部分而言，这些目标都是重要的杠杆点。大多数人其实都意识到了这一点，例如，如果你想让屋里更暖和一些，你会去调节空调的旋钮，设定到合适的温度。但是，对于那些更为复杂的系统整体而言，也存在更大的、更不明显的高杠杆性目标。

即使是系统里的人也经常认识不到他们所在系统整体的目标。"为了赢利"，大多数公司都可能这么说，但那只是一个规则，是持续经营的必要条件。那么，这场游戏的目标到底是什么？是为了成长、增加市场份额，为了将世界（包括顾客、供应商和管理者等）更大程度地置于公司的控制之下，从而使公司的运作能更好地规避不确定性的影响。经济学家约翰·肯尼思·加尔布雷斯（John Kenneth Galbraith）很早之前就认识到公司的目标是侵吞一切。其实，这也正是癌症的目标。实际上，这是每一个有机群体的目标。但是，因为总有一些更高层次的调节回路在限制某个由新兴权力回路驱动的个体，使之无法极力成长并最终控制整个世界，所以只有当这些高层次回路无法奏效时，才会出现这种最差的状况。

例如，在市场体系中，维持市场公平竞争的目标，会超过单个公司消灭所有竞争对手的目标；在生态系统中，维持种群平衡和进化的目标，会超过单个个体无限制繁殖的目标。

我在前面说过，只要系统结构不变，改变系统中的参与者只是一个低层次的干预方式，除非那个参与者有权力制定规则，并可改变系统的目标。这种情况非常罕见，但效果往往令人惊讶。组织中一位新领导者上台了，设定了一个新的目标，就把成百上千甚至数百万聪明而理智的人带往新的方向，从达特茅斯学院到纳粹德国，都是如此。

这也是美国前总统罗纳德·里根所做的，我们都见过。在他入主白宫之前，有位著名的总统说过："不要问政府能为你做什么，而是要问你能为政府做什么。"对此没人嘲笑。里根一再表示，目标不应该是让人民去帮助政府，也不是让政府去帮助人民，而是让政府减少干预。可能有人会说，为了更大的系统变革和公司权力的增长，他不得不出此下策。我也这么想过，但不可否认的是，自从里根上台之后，美国的公共话语乃至整个世界，都被完全改变了。

所以，系统中的某个参与者可以清晰地设定、阐述、重复、支持并坚持新的目标，从而引导系统的变革，里根就是一个例证。

2. 社会范式，生成系统——它的目的、结构、规则、延迟、参数的心智模式

福里斯特关于系统的另一个著名论断是：一个国家的税法是如何制定的并不重要。关于税赋的公平分配有一个社会公认的观念。不管税法怎么说，是通过公平还是不公平的方式，是通过复杂、欺骗、豁免或抵扣，还是通过不断抨击规则，实际支付的税款都会逐渐符合社会公认的"公平"观念。

社会公认的观念以及一些潜在的基本假设，构成了社会的范式（paradigm）或一整套人们深信的世界观。这些信念都是隐含的，因为在一个社会中，几乎每一个人都已经知道它们，因而无须特别申明。

例如，人们普遍认为可以用金钱来衡量某件事物的真实价值，金钱也有其真实的含义。因此，如果人们都不愿意多付钱，那就意味着这件东西不值钱。再如，人们普遍认为成长是件好事；大自然是富含资源的宝藏，可以为人类服务；自然进化的进程被"智人"的出现终止了；个人可以"拥有"土地等。这些只是我们当前文化中很少一部分有关社会范式的基本假设，而这些假设在另外一些文化中很可能是匪夷所思或惊世骇俗的。

对此，美国作家爱默生这样写道：

> 每一个国家、每一个人都会很快被一个能反映他们思想状态的物质装置包围。你可以观察一下每一个真理和错误、每一个人内心的想法是如何包裹在社会、住房、城市、语言、各种各样的仪式、礼节、报纸杂志之中的；观察一下当今的各种想法，看看原木、砖块、石灰和石头如何变成方便人们居住的形状，以符合大多数人头脑中的主流想法……当然，它符合以下规律，即思想的轻微改变将被迅速放大，导致外部事物的显著变化。

古埃及建造金字塔，因为他们相信在人死后还有来世。我们建造摩天大楼，因为我们相信市中心的土地很值钱。不管是哥白尼和开普勒发现地球并非宇宙的中心，还是爱因斯坦假设物质和能量是可转换的，或者是亚当·斯密提出"市场中单个主体的自私行为能令人惊奇地汇集成集体的福利"，**凡是在范式层面上干预系统的人，都触及了能从根本上改变系统的杠杆点。**

> **系统之思**
> THINKING IN SYSTEMS
>
> 范式是系统之所以成为系统的根源。根植于这些范式，产生了系统的目标和信息流、反馈、各种存量和流量，以及关于系统的一切。系统的目标、结构、规则、延迟和各种参数，都受范式的直接影响。

你可能会说，范式比系统中的其他东西都更难改变，因此这一项应该放到杠杆点清单中的最后一位，而不是倒数第二位。但是，在范式变革过程中，没有任何物理的变化，也无需昂贵的代价，甚至过程也不缓慢。对于个人，这种转变可以在毫秒之间发生，所需要的只是

第 6 章 系统之杠杆点，系统的 12 大变革方式

脑海中的灵光一闪、瞬间的恍然大悟，或者采用一种新的观察方式。当然，对于整个社会，就另当别论了——人们抵制范式的转变，远甚于抵制任何其他变化。

所以，怎样才能改变范式呢？对科学范式变革著有奠基性作品的学者托马斯·库恩（Thomas Kuhn）见解颇多：

- 你需要持续指出旧范式中有哪些异常和失效之处；对于新范式，你需要不停地宣讲和行动，要声量够大，且自信满满。
- 在公众可见之处和权力所及之处，向人们灌输新范式。
- 不要与反对改革的人接触，浪费时间；相反，你要与积极的变革代理人合作，置身于心胸开阔、愿意接纳新事物的社会人群之中。

系统结构师告诉我们，可以通过建构系统的模型来改变范式。因为建模的过程会让我们跳出系统之外，使我们看到系统这个整体。我个人曾经通过这种方式，改变过自己的范式。所以，我想告诉你，这个方法确实有效。

1. 超越范式

与改变范式相比，在更高的层次上，还有另外一个杠杆点，那就是**使自己摆脱任何范式的控制，保持灵活性**，意识到没有范式才是"真实"的。每一个人在认识世界方面都有巨大的局限性，这个世界太大、太复杂，远远超出我们的理解力和认知范围。即使那些能够持

229

续不断地塑造和调整自己世界观的人，也无法对这个世界拥有完整的认识。

我们每个人几乎都会受范式的控制，从而对每一种事物的多种可能性视而不见，偏执一端，想当然地认为只有自己的看法才是对的，其他看法都是错误或荒谬的，并迅速地反对其他看法，在自己认准的道路上越走越远。然而，在"空"的境界里，就没有权力与控制，没有决断，甚至没有存在的缘由，更没有无谓的作为，内心深处不执着于某一个信念。虽然这种境界看似玄妙，但事实上，每一个接纳该观点的人，不管是暂时的，还是长期的，都会发现这将是彻底放下的基础。如果没有任何范式或世界观是正确的，为了实现你的目标，你可以选择任何合适的手段。如果你对于如何达成目标没有任何想法，你可以仔细观察大自然的运作，倾听宇宙之声。

> 我们需要在自己的内心认识到各种范式的存在，并将这一点也视为一种范式，以赤子之心对待整体现实。这样才能进入一种"空"（not-knowing）的状态，进入佛教所讲的"开悟"境界。
>
> **系统之思**
> THINKING IN SYSTEMS

正是在这个超越范式的自主空间里，人们可以抛弃一切贪念，放弃控制、执着、封闭，打破一切统治、禁锢的枷锁，活在永恒的愉悦之中，即使被烧死在火刑柱上、被钉死在十字架上，或者遭受其他迫害，其影响力仍然会持续上千年。

进入谦卑的"空"

关于这个清单中可用于干预系统的杠杆点的有效性，有太多可以说的了。我在这里给出的清单也只是一些可能的选择，顺序也不是固定的。在每一项中，都有很多的例外，你也可以根据实际情况灵活调整它们的顺序。虽然这些想法多年来一直存在于我的潜意识里，但我也没有因此变成"超人"。**杠杆点所处的层次越高，杠杆作用就越大，系统抵制变化的力量也就越强**——这就是为什么社会总是会排斥或者消灭那些真正开悟的人。

但是，即使我们知道杠杆点在哪儿，以及可以往哪个方向去推动它，却也往往很难掌握和使用这些神奇的杠杆点。要实现掌握，并没有捷径可走。你必须努力思索，审慎地分析系统，并抛弃自己的范式，进入谦卑的"空"的境界。最后，看似无为，却可能是最为根本性的、战略性的、有效的杠杆点；看似疯狂，放下一切，却能优雅地与系统共舞。

THINKING IN SYSTEMS

第 **7** 章

与系统共舞,
系统的15大生存法则

这个世界理性与否，并不是我们这个世界的真正问题。最常困扰我们的往往是，世界是基本理性的，但并非完全理性。生活是理性的，但如果完全按照逻辑来推论，却可能到处是陷阱。它看起来有一定量化关系，却不可能完全精确地用数学公式来度量；它看起来有一定规律，却又随时充满惊喜。

———

G. K. 切斯特顿（G. K. Chesterton）
英国作家

在工业社会长大的人，若热衷于系统思考，很可能会犯一个严重的错误。他们可能会假定，通过系统分析，可以认清系统中的相互关联以及复杂纠葛，借助计算机的威力，最后会找到预测和控制系统的钥匙。这一错误观念的根源在于工业时代根深蒂固的心智模式，即相信存在一把预测和控制的钥匙。

一开始，我也是这么认为的。我们所有这些在麻省理工学院读系统学专业的学生都是这么假定的。我们或多或少都天真地认为，通过学习，就可以练就一双洞察复杂世界的"慧眼"。大家都为此而着迷，努力钻研，如同许多前人所做的一样。但是，我们高估了自己的发现。这么做并不是想存心欺骗他人，只是表达了个人的意愿或期望。在我们看来，系统思考不仅是微妙复杂的"头脑体操"，更是为了让系统高效地运作。

就像一心找寻通往印度之路的探险者却误打误撞闯进了西半球一样，我们确实发现了一些东西，但它们根本就不是我们自认为的那样。它与我们一直以来寻找的东西截然不同，我们根本不知道该如何看待它。后来，随着对系统思考的理解日渐深入，我们慢慢发现，系统思考的价值比我们之前想象的还要大，只不过不是以我们之前认为的那种方式。

我们认识到的第一个问题是，理解如何修补一个系统和实际动手去修补它，完全是两码事。之前，我们热烈讨论过很多次"实施"这一话题，也就是"如何让管理者、市长和相关机构的负责人接受我们的建议"。

然而实际情况是，就连我们自己也没有采纳自己的建议。我们理解成瘾的结构，也多次给别人讲解，但我们自己却不能一天不喝咖啡；我们都知道目标侵蚀的动态特征，但我们自己的慢跑又能坚持多久呢？我们一再警告别人不要陷入竞争升级和转嫁负担的陷阱，但在自己的婚姻中又一再犯类似错误。

社会系统是文化思考模式的外在体现，也是深层次的需求、情绪、优势和劣势的反映。改变它们绝非易事，不是简单说一句"现在全部改变"，就能改变，也不是因为我们知道改变的好处就能改变。

我们认识到的第二个问题是，系统洞察力会让我们产生更多的问题，但不能帮我们理解所有的事情。事实上，理解的事情越多，新出现的问题也就越多。就像人类发明的能够透视微观世界和宏观宇宙的其他透镜一样，系统思考也让我们发现了神奇的事物，很多还是绝妙的奇迹。借助这一新工具，我们能够揭开很多根植于人类思维、心灵深处的神秘事物。下面，我列举了我们发现的几个与系统行为相关的问题，见表7-1。

表 7-1 系统行为及其引发的问题

系统行为	系统行为引发的问题
在某个特定系统的某个具体点上，增加一个新的信息反馈回路能使系统更好地运作。但是，决策者往往抵制他们所需要的信息：他们要么漠不关心，要么拒绝相信，或者根本不知道如何解释这些信息	为什么人们要这样主动地对信息加以整理和过滤？他们是如何决定选择并处理哪些信息，而摒弃或贬低另外一些信息的？对于同样的信息，不同的人是如何做出不同的解读，并得出不同的结论的
如果某个反馈回路只能围绕并导向某个特定的价值，系统的结果将能让所有接受那个价值的人感到满意（不要更多能源，而要更多能源服务；不要 GNP，而要物质充足和安全感；不要增长，而要进步），而让其他人不满意。我们不必改变任何人的价值观，只是必须让系统围绕真正有价值的事运作	什么是价值？它们来自何处？它们是通用的，还是由文化决定的，各有差异？是什么原因让一个人或社会放弃追求"真正的价值"，而满足于廉价的替代品？如何针对你无法测量的质量设置反馈回路，而不是只针对你可以衡量的数量
假设某个系统在各个方面看来都不合常理，它造成了低效、丑恶、环境退化以及人类的痛楚。但是如果我们消灭了它，我们就将失去整个系统。旧的已破，新的难立。这是最可怕的事	为什么人们在最小的结构和最大的自由度下，创造力会如此惊人？观察世界的一种方式如何能被广泛共享，使得机构、技术、生产系统、建筑、城市等都建构于这种世界观之上？系统如何创造文化？文化如何创建系统？一旦文化和系统都被发现存在不足，它们是否能通过瓦解和混乱而得以变革
系统中的人会容忍一些有害的行为，因为他们害怕改变。他们不相信可以建立一个更好的系统，感觉自己无力去要求或实现任何系统化的改进	为什么人们会如此轻易地相信自己无能为力？他们为什么对实现愿景的能力如此悲观？他们为什么更愿意听别人说他们无法改变现状，而不愿意听人说他们可以做些什么

系统洞察力可以提出更多问题！

系统思考者并非首批或唯一提出类似问题的人。当我们开始探询这些问题时，我们会发现各个学科领域、图书典籍、历史记录，也都问过同样的问题，并在某种程度上给出过答案。我们研究的特别之处，并不在于我们的答案，甚至不在于我们的问题，而是系统思考工具本身，它发端于工程学和数学，应用了计算机技术，受机械论思维模式的影响，追求对系统的预测和控制，我认为，这让它的实践者不可避免地面临着人类最深刻的未解之谜。即使对于最坚定的技术统治论者，系统思考也会让我们发现，应对这个充满各种复杂系统的世界，需要的不只是技术统治。

自组织、非线性、反馈系统从本质上是不可预测和被控制的，因此，我们只能以最为一般的方式去理解它们。想要准确地预见未来并提前做好充分地准备，是不现实的；想让复杂的系统只做符合我们期望的事情，也是不现实的。即使在最理想的情况下，也只能是暂时实现。我们永远无法全面地理解这个世界，无法像还原论者所期望的那样彻底解构这个世界。科学本身，从量子理论到混沌数学，都会引导我们走入无法回避的不确定性之中。除了最微不足道的目标，我们无法优化任何目标；我们甚至都不知道到底要优化什么；我们也不能跟踪每一件事情的发展、变化。虽然人类常把自己当作全知全能的征服者，但无论是对于大自然，还是人与人之间，抑或我们自己创造的各种机构，我们都尚未建立起一种恰当的、可持续的关系。

对于那些坚信自己是宇宙主宰的人，系统思考所揭示的不确定性是难以接受的。如果你不能理解、预测和控制系统，那该怎么办呢？

然而，只要我们认识到并愿意放弃控制的错觉，稍加等待，系统思考就能得出另外一个鲜明耀眼的结论：我们有很多事可以做，但要换一种截然不同的方式。我们不可能在一个毫无意外的世界里确定地稳步向前，但我们可以预料到各种意外，从中学习，甚至能从中获益；我们不能把自己的意志强加于系统之上，但我们可以聆听系统的声音，听它告诉了我们什么，并发现如何使我们的价值观更好地与系统的特征匹配，从而共同创造出一些更好的事情来，而这些只靠我们的意志都是无法实现的。

> 未来是不可预测的，但它可以被想象，然后被很好地实现；系统不可以被控制，但它可以被设计和重构。
>
> **系统之思**
> THINKING IN SYSTEMS

我们无法控制系统，或将其搞清楚，但我们可以与系统共舞！

我知道这一点可以做到。通过漂流、园艺、演奏音乐和滑雪，我懂得了如何与大自然伟大的力量共舞。这些都需要一个人保持完全清醒、高度关注、竭尽全力，并能快速响应各种反馈。只是我从没想过当我从事研究、管理、政府公务和与人相处时，也需要具备这些能力。

但是，这一信息从我们开发的每一个电脑模型中涌现出来。要想成功地在这个系统的世界里生存，需要我们付出更多，不只是计算能力。我们需要奉献出全部的人性，包括理性分析、识别真理和谬误的能力、直觉、同理心、对未来的期许以及道德的力量等。

在本章，我试图总结出一些最为通用的"系统智慧"作为本书的结尾。这些都是我通过复杂系统建模以及与众多建模者的探讨学到的，是我亲身收获的经验教训，是植根于系统训练中的概念和实践，它们的影响如此深入，以至于我不仅会在工作中践行它们，还会在生活的方方面面践行，不论做得有多不完美。它们是基于反馈、非线性和系统为自身行为负责等世界观之上的一些行为。当达特茅斯大学那位工程学教授注意到我们这些搞系统的家伙是"另类的"，并且疑惑为什么我们的看法与他有差异时，我想，这些可能就是他发现的不同之处。

我在这里列出的清单可能是不完整的，因为我依然是系统思考的一名学生。同时，这也不是学习和应用系统思考的"独门秘籍"，有很多方法可以学会与系统共舞。但是，大家可以把它作为学习与系统共舞的起点。我注意到，我的同事们遇到一些新系统时，他们会自然而然地这么做。

1. 跟上系统的节拍

在你想以任何方式去干预系统之前，首先要观察它是如何运作的。如果它是一首乐曲、一段激流或者是商品价格的波动，就要研究它的节拍；如果它是社会系统，就要观察它是如何运作的。研究它的历史，询问那些长期关注它的人的意见，让他们告诉你发生过什么。如果可能的话，去寻找或者制作一张图表，显示系统实际数据的时间变化态势——人的记忆并不总是可靠的，尤其是对于相对久远的事件。

这一方针看起来简单，实则不然。除非你能养成这样做的习惯，否则就会多走很多弯路。**从系统的行为开始，强迫自己关注事实，而**

不是各种理论。 同时，这也有助于防止你快速陷进自己的信念、误解或其他类似误区之中。

在我们周围，其实有太多的误解，几乎到处都是。

比如说，很多人坚信年降水量在减少，但是查看年降水量的数据之后，你会发现，真实情况是降水量的波动性增加了——干旱程度是加剧了，但洪涝灾害规模也更大了。再如，一些权威专家宣称牛奶价格要走高，真实情况是牛奶价格持续走低；当专家告诉我汇率会下降时，汇率却一路走高；虽然人们一直预期财政赤字会缓解，但赤字占 GNP 的比例却比以往任何时候都要大。

观察系统中各种变量如何一起变动或者不一致地变动，是非常有趣的。但是，**你要去观察真实发生的状况，而不是听人们对于状况的解释**，这样可以规避许多有意或无意的因果假设。例如，新罕布什尔州每一位选举人都认为城市发展会有助于降低税收，但是如果你把增长率和税率做成一张图，你会发现它们之间的分布是随机的，如同新罕布什尔州冬日的夜空繁星，完全没有内在的关联。

从系统的行为开始，也能把个人的思想引导到动态的分析，而不是静态的研究上——不只是问"哪儿出了问题"，也要问"到底是怎么弄成这样的""还有哪种行为模式是可能的""如果我们不改变方向，继续发展下去，事情最后会变成什么样"。同时，注意了解系统的力量，你可以问："在系统里，什么运作得很顺利？"从几个变量的历史数据开始，以散点图的方式去揭示它们之间的关系，不仅可以发现系统中存在哪些因素，也可以了解它们之间是如何相互关联的。

最后，从历史数据开始，也能让人们根据系统的真实行为去定义问题，而不是用常见的或假想的趋势来分散注意力，掩饰因为"没有我们偏好的解决方案"而产生的不安感（问题是，我们需要找到更多石油；问题是，我们需要禁止堕胎；问题是，我们没有足够的销售员；问题是，我们怎样为这个城市吸引更多增长机会？）。倾听任何讨论，不管是家庭中的对话，还是公司会议上的意见分歧，或者是媒体上的专家辩论，并且留意观察人们是如何得出解决方案的——在大多数情况下，都是"预测、控制、把自己的意志强加于人"的模式，没有关注系统的状况及其原因。

2. 把你的心智模式展现在阳光下

画出系统结构图，并写出各种变量之间关系的方程式，会强迫我们把自己内心的各种假设投射出来，并精准地表述它们。因为我们的模型需要保持完整、符合逻辑，并且前后一致，所以我们不得不把自己关于系统的每一个假设都摆出来，让其他人（也包括我们自己）能够看到它们。我们的假设不能摇摆不定（心智模式是非常靠不住的），不能在某一次讨论中这么说，到下次讨论时又那么说，前后矛盾，显然是行不通的。

心智上的灵活性，是你在充满灵活性的系统中生存的必要条件。这包括愿意重新划定系统的边界、注意到系统转换到一种新模式，以及知道如何重新设计系统结构的能力等。

系统之思
THINKING IN SYSTEMS

你不必非得以系统结构图或方程式的方式来表露自己的心智模式，尽管这是非常好的方法。你也可以通过语言、列表或者图片、箭头等方式，来表达你的想法与什么东西存在关联。不管以什么方式，这样做得越多，你的想法就会变得越清晰，你承认各种不确定性并修正自己错误的速度就越快。这样，你就能学到更多，变得更为灵活。

请始终牢记，你所知道的每一件事，以及任何人知道的任何事，都只是一个模型。把你的模型拿出来，放到人们看得见的地方，再邀请其他人来挑战你的假设，并补充说明他们自己的假设。这样做不是为了选出哪种假设、解释、模型是最好的，而是要尽可能多地收集各种可能的解释，并把它们都当作合理的，除非你发现了一些让你可以排除其中一种或几种解释的证据。在这个过程中，你也要保持警惕，因为其中可能包含你的情绪或偏好，让你选择性地看到支持你观点的证据，或者剔除掉你不认同的一些假设。

把模型拿出来，放到阳光之下，让它们尽可能地精确，用各种证据检验它们，如果没有得到证据的支撑，也应该勇于舍弃。这就是科学的态度和方法。但是，即使在科学研究领域，这样的做法也不常见，更不用说在社会科学、管理学、政府管理或日常生活中了。

3. 相信、尊重并分享信息

到现在，你应该已经了解了信息如何把系统结合到一起，并且知道信息的延迟、偏差、分散或缺失如何使得反馈回路功能失调。如果决策者缺少信息，他们就无法做出回应，而如果信息不正确，反应也不可能正确；如果信息是滞后的，也就不可能及时做出反应。在我看来，系统中的大多数错误，都是信息的偏差、延迟或缺失所致。

如果可以的话，我想向各位再多提醒一点：你不能歪曲、延迟或隐瞒信息。如果扰乱了系统的信息流，系统的运作就会陷入混乱或疯狂。相反，如果能使信息更及时、准确、完整，系统就会运作得更好，而且会十分轻松。

例如，1986 年，美国联邦政府出台了新的《有害物质清单》(The Toxic Release Inventory)，要求美国所有公司每年向政府报告它们所有工厂对外排放的有害气体总量。通过《信息自由法案》(The Freedom of Information Act)，公众可以获得这些信息。从系统的观点看，后者堪称整个美国最重要的一部法律。1988 年 7 月，第一批有关化学排放的数据被公开。虽然报告过的排放就不算非法，但如果被当地媒体曝光也很难看，尤其是那些被列入"本地区十大排放单位"的排放大户压力更大。因此，虽然没有法律诉讼，没有强制性的减排指标，没有罚金，没有惩罚措施，但情况还是有了明显改善。在两年之内，全美国的化学排放量减少了 40%（这只是报告的数字，我们假定它也是符合事实的）。一些公司出台了相关政策，将排放量减少 90%，这仅仅是因为之前被企业内部控制的信息被公开了。

从某种意义上讲，信息就是权力。任何对权力感兴趣的人都会很快掌握这一观点。媒体、公众人物、政治家、广告发布者等对公众信息传播有一定影响力的机构，都有很大的权力，甚至超出大多数人的想象。在很多时候，它们会为了自己的利益，在短期内过滤信息，有选择性地发布信息，并对信息流进行引导。难怪我们的社会系统经常失控。

4. 谨慎地使用语言，并用系统的概念去丰富语言

我们的信息流主要由语言构成，而人们的心智模式也大多通过词语来表达。因此，**尊重信息首先意味着避免语言污染——尽可能清晰、准确地使用语言；其次，要想办法扩展我们的语言，以便能够更有效地谈论复杂性。**

经济学博士、咨询公司创始人弗雷德·考夫曼（Fred Kofman）在一篇发表在系统学期刊上的文章中写道：

> 语言可以作为一种媒介，通过它，我们可以创造出新的理解和新的现实。事实上，我们不是在讨论我们所见的东西，而是只能看到我们能够讨论的东西。我们对世界的看法取决于我们的神经系统和语言的交互作用，这两者都是"过滤器"，影响着我们看待世界的方式……一个组织的语言和信息系统都不是客观描述外部存在的方式——它们从根本上塑造了其成员的感知和行动。要重塑（社会）系统的测量和沟通系统，就要在最根本的层面上重塑所有潜在的交互作用。与战略、组织结构或文化等比起来，语言作为现实的表述方式，是更为根本的。

如果在一个社会中，人们不停地谈论"生产力"，而很少使用或很难理解"适应力"这个词，那么整个社会就将变得更有"生产力"，但"适应力"会降低。同样，如果人们不能理解或使用"承载能力"这个词，整个社会将很快超过其承载能力；如果人们谈起"创造就业"，就意味着必须要靠公司去做些什么，那么社会中的大

多数人就没有紧迫感和动力，去为自己和他人创造出更多的工作机会。如果公司的使命是"创造利润"，就可能会轻视员工在价值创造过程中的角色。同样的情况还有"和平卫士"，这可能意味着必须拥有导弹，或者不可避免的"附带损害"，以及可能需要采取的"最终解决方案"。

让我感触很深的是，我们已经观察到，在过去的大约150年里，语言要么是变得没有意义，要么是破坏其原本含义。我相信，语言的日益不可信也伴随着同一时期个人与社会的日益分化……

他接着说道：

随着表述的退化，语言基本上丧失了标示作用，因为它虽然被认真地使用，却没了特定的所指。人们的注意力被各种百分比、分类或抽象的函数瓜分……使用者很可能不再需要依赖或指望语言，因为它不能定义任何个人的立场或行动基础。它唯一的实用价值就是支持"专家意见"，大量不带个人色彩的技术行动已经开始了……

> 尊重语言的第一步是尽可能保持它的真实、具体和意义——这和保持信息流的清晰、准确是相同的。第二步是扩展语言，使其能反映我们对系统不断拓宽的理解。
>
> **系统之思**
> THINKING IN SYSTEMS

为什么因纽特人有那么多词语来形容雪，那是因为他们深入研究和学习过如何充分利用雪。他们将雪变成了一种资源，并与雪这一系统共舞。而我们所处的工业社会，只是刚刚开始拥有和使用与系统相关的词，因为我们刚刚开始关注和利用复杂性。类似"承载能力""结构""多样性"这样的词，甚至是"系统"这个词，都是旧词，但现在，它们的含义正变得越来越丰富，意义越来越精准。同时，我们也必须发明一些新的词语。

电脑中的文字处理程序有拼写检查功能，这让我必须手工增加一些词语，因为它们原来并不包含在电脑的词典中，包括写作本书过程中常用的下列词语：反馈、吞吐量、过冲、自组织和可持续性。

5. 关注重要的，而不只是容易量化的

我们的文化对数字着迷。这让人们自然地认为，那些可以测量的东西要比不能测量的更为重要。你要是不信，可以先想一分钟。这意味着，我们认为数量比质量更重要。如果数量是某一个反馈回路的目标，那么它将成为我们关注的焦点，是我们的语言和体系的中心。无论是激励、评估，还是奖励，都离不开数量这个指标。你可以观察和考虑一下，在你生活的世界中，到底是数量更重要，还是质量更重要。

作为系统建模者，我们曾经不止一次地被科学界的同事们嘲笑，因为我们会将"偏见""自尊"或者"生活质量"等变量纳入模型之中。由于计算机模拟需要数值，我们不得不编造出一些定量方法，以衡量这些定性的概念。比如说，我们假设偏见的取值范围位于-10到+10之间，0分意味着毫无偏见，-10分意味着完全负面的偏见，而+10分意味着完全正面的偏见，即你不可能做错事。现在，假设某人对你的偏见度是-2，或者+5、-8，这对你的工作表现会有什么影响？

实际上，在我们的工作中，真有一次必须把偏见和绩效之间的关系放到模型之中。① 这是为一家公司做的研究，该公司想知道如何更好地对待少数族裔员工，以及如何帮助这些员工走上公司的领导梯队。我们面试过的每一个人都认为，在偏见和绩效之间真的存在某种关联。虽然采用哪种衡量方式是随机的，可以是1到5，也可以是0到100，但是如果不把"偏见"放到研究之中，肯定是不科学的。当公司里的员工被问及偏见和绩效之间的关系时，他们提出来的几乎都是一种非线性关系，这是我在模型中见过的最为非线性的关系之一。

如果某件事物难以量化，我们往往对其视而不见或者忽略它，这会导致模型的不完善。你已经知道系统常见的陷阱，其中包括围绕易于测量的东西而不是真正重要的东西来设定目标。所以，不要再掉进此类陷阱。上帝赋予人类的不只是数数的能力，也包括评估品质的能力。希望你能成为一名质量检测员，成为一个可以四处走动、发出声音的盖革计数器②，随时随地检查、确认质量是否达标。

举例来说，如果某件东西是丑陋、俗气、不相称、比例失调、不可持续的，或者道德低下、危害环境、有损人格的，就不要让其通过。不要再让"如果你不能定义和测量它，就不必关注它"这类说教限制住手脚。

没有人可以定义或测量正义、民主、安全、自由、真理、爱，也

---

① 这一故事是 Pugh-Roberts 联合公司的艾迪·罗伯特告诉我的。
② 一种用于探测电离辐射的粒子探测器。——编者注

没有任何一个人能够定义或测量任何价值。但是，如果我们不去谈论它们，不去检查它们是否存在或达标，在设计系统时也不去设法实现这些目标，它们将不复存在。

6. 为反馈系统制定带有反馈功能的政策

卡特总统有一种非凡的能力，他可以用反馈的概念来思考系统性问题，并制定反馈的政策。不幸的是，因为国会和公众并不理解反馈，所以在向国会和公众解释自己的想法时，他一度感到很困难。

例如，在石油进口量飙升的时期，他建议对美国国内消费的汽油征税。如果石油进口持续增加，汽油税也将进一步提高，直到能够抑制住石油需求，找到石油的替代品，并减少进口。如果石油进口量降至零，汽油税也将降为零。

这一建议没有得到采纳。

卡特也试图处理墨西哥非法移民潮。他认为，只要美国和墨西哥之间在发展机会和生活标准方面存在巨大差距，那么什么措施也阻止不了非法移民潮。与其在边境检查和安保方面投入大量的人力、物力、财力，不如帮助墨西哥发展经济。只要坚持下去，移民潮早晚会停止。

但是，这一建议也没有得到采纳。

很显然，**对于动态的、自我调节的反馈系统，不能用静止的、刚性的政策来管制**。虽然根据系统当下的状态设计出一项政策相对容易、更高效，代价通常也不大，但这很难行得通。相反，好的政策必须能够根据系统状态的变化及时灵活地调整。尤其是在存在多重不确定性的情况下，最好的政策不仅要包括反馈回路，还要包括元反馈回路——一种改变、修正、扩展反馈回路的机制。从本质上看，这是把"学习"功能融入管理过程之中。

具有历史意义的《蒙特利尔议定书》(Montreal Protocol)，目的是保护地球大气层中的臭氧层。1987年签署该议定书时，人们对于臭氧层破坏的速度、危害性以及各种化学物质对臭氧层的破坏作用等都不太确定。因此，议定书设定的目标是，要减少对臭氧层最具破坏力的化学物质的生产和排放速度。它也规定通过持续监测臭氧层的变化状况，并根据臭氧层被破坏的实际状况与预期间的差距，重新召开国际会议，调整逐步淘汰危险化学物质的时间表。结果3年后，也就是在1990年，该议定书被重新调整，加快了减排和淘汰的速度，并增加了更多化学物质，因为臭氧层被破坏的速度以及危害性远大于人们在1987年预计的状况。

这就是一个带有反馈功能的政策，它的结构具有学习功能。我们希望它能及时发挥作用。

7. 追求整体利益

请记住，层级存在的目的是服务于最底层，而非最顶层。千万不能放大系统的某个部分或某个子系统的重要性，使其凌驾于系统整体之上，反而忘记了系统整体的存在。这是犯了典型的"一叶障目，不见泰山"的错误。正如肯尼思·博尔丁所讲，不要因为优化某件根本没必要做的事而招来更大的麻烦。因此，要瞄准那些能增强系统整体性能的要素，包括增长、稳定性、多样性、适应力以及可持续性，而不必在意它们是否容易衡量。

8. 聆听系统的智慧

帮助并鼓励那些有助于系统自我运行的力量和结构。请留意，在这些力量和结构中，有多少是位于层级底部的。不要成为一个没脑子的干预者，破坏系统内在的自我调节能力。在你介入之前，关注一下已经存在的价值是什么。

我的朋友内森·格雷（Nathan Gray）曾在危地马拉担任援助人员。他告诉我，他对那些意欲"创造就业""增加创业能力"，以及"吸引外部投资者"的援助机构很失望。因为它们对当地市场视而不见——在那里，各行各业，从篮子制作、蔬菜种植、牲畜屠宰到糖果销售，大量小微商业开展得如火如荼，他们为自己创造了"就业岗位"，并在这些工作中展现出高效的创业能力。内森花了很多时间与当地市场的工商业者交流，询问他们的生活和生意经营，从中学习如何才能帮助他们扩展业务规模、增加收入。最后他得出结论，他们真正需要的不是外部投资者，而是内部的融资和支持。易于获得的利率合理的小额贷款，以及识字、算术方面的教育等，将对整个社区产生更为长期的价值，这比从外面引进一家工厂或者生产线意义更为重大。

9. 界定系统的职责

这是系统分析与设计的一项指导原则。对于系统分析，这意味着要搞清楚系统是怎样产生各种行为的，包括有哪些触发事件、有哪些引发某些系统行为的外部影响。有时候，这些外部事件是可控的（如减少饮用水中的病原体，以降低传染性疾病的发作概率），但有些是不可控的。如果只是责怪或试图控制外部影响，会使人们忽视系统内部的职责。事实上，在系统内部，总有一些较简单的任务，它可以增强系统自身的职责，从而更好地应对外部影响。

增强系统的"内在责任"，意味着在设计系统中，要在决策及其结果之间建立起反馈回路，让决策者直接、快速、强制性地看到其行为的后果，就像飞行员位于飞机的前部，面对所有仪表，可以直接地了解自己每一个决策的后果一样。这样，飞行员就是负起了"内在责任"。

以前，达特茅斯学院每个办公室和教室都安装有单独的温度调节器装置；后来，学院拆除了单独的空调，改造、安装了中央空调设备，由一台电脑集中控制整栋建筑的温度。这样做据说是为了节能，但根据我作为一名基层教员的观察，我认为这样做造成了室温的大幅振荡。办公室温度过高时，因为没有办法关闭空调，我只能给温控中心打电话，他们会在几小时或几天内做出调整，但往往会矫枉过正。在我看来，另外一种解决问题的方法是让系统自己承担起更多的责任，即让每一位教授都能自己控制室内的温度，然后直接根据他们使用的电量收费，这样就可以把"公共物品"（集中温控）变成私人物品，从而提高系统的效率。

再如，为了让系统承担起"内在责任"，应当要求各个城镇或公司把取水口设在他们自己排水口的下游。对于因吸烟造成的疾病，或因骑摩托不戴头盔、开车不扣安全带等个人疏忽产生的事故医疗费用，保险公司或社会保障基金都应不予赔偿。国会在立法时，不能包含自身免责的豁免条款（现在有很多这样的条款，比如其雇用需求不必考虑优惠性差别待遇，以及无须发布环境影响报告等）。当统治者可以公开宣战但无须带队征战，很大一部分责任就失去了。现在，发动战争可能变得更加不负责任，因为只需要按下一个电钮，就能在很远的地方造成巨大的伤亡，而按下电钮的人根本看不见任何伤害。

加勒特·哈丁曾经建议，阻止他人堕胎的人就是在规避"内在责任"，除非他们自己真的愿意把因为不能堕胎而出生的孩子抚养成人。

以上几个案例足以引发思考，让你看到我们当今的文化几乎很少在系统中寻找责任，从而发起行动；同时，在设计系统时，我们也很少考虑让参与各方去承担他们所应承担的责任。

10. 保持谦逊，做一名学习者

经过多年的系统思考研究和实践，我已经学会更多地相信自己的直觉，无需太信赖理性思考，我尽可能地保持这两方面的平衡，但仍然随时准备应对各种意外的出现。我一直在与系统打交道，无论是通过电脑建模，还是身处大自然、人群和企业系统，我始终提醒自己：

每个人的心智模式都是不完整的,而世界是如此复杂,因此我还有很多很多不知道的东西。

当你发现自己不知道时,真正要做的不是虚张声势、自欺欺人,也不是回避或畏缩不前,而是学习!学习的方式就是试验,或者就像美国建筑师、发明家及哲学家巴克敏斯特·富勒(Buckminster Fuller)所说,要通过试验、犯错、犯错、再犯错来学习。在复杂系统的世界中,认准一个方向,不懂变通地往前冲,并不是睿智的做法。即使你确信自己的方向正确,"坚持到底"也可能只是一厢情愿的想法。**你必须随机应变、相机而动。**没有把握,却假装"一切尽在掌握",是人们在犯错时经常产生的一种反应,这也使得人们无法从失败中学习。应该怎么办呢?**那就是采取小而稳妥的措施,持续地监控,认真地观察系统的方向,并且愿意顺势而为,改变自己的路线。**

这其实是很困难的,犯错误并承认错误,这更不容易。心理学家唐·迈克尔(Don Michael)称之为"拥抱失误"。但是,拥抱失误需要很大的勇气。

不管是我们自己,还是我们的同事,或者任何一个"局中人",都很难知道究竟发生了什么,并且有可能照旧前行,就像我们真的掌握事实、对所有问题都了如指掌一样,我们也会很肯定地相信自己知道事情的后果,期望自己能够获得最好的结果。此外,处理复杂的社会性问题时,我们会假装自己知道要干的事,这只会降低我们的可信度……不信任制度和权威的人数正在增加……承认存在不确定性,可以在很大程度上帮助我们改变这一恶化的趋势。

"拥抱失误"就是学习的条件。它意味着搜索、使用和分享"我们到底在什么地方失误了"的信息，了解哪些与我们的期望或希望不符。"拥抱失误"和承受高度不确定性，都会强化个人和社会的脆弱性。通常，我们会隐藏自己的脆弱性，无论是对自己还是对他人，都是如此。但是，对于那些真正承担起责任的人，需要的关于自我的认知远多于社会上一般的人，他们也更能深入地发现自我。

11. 庆祝复杂性

让我们面对现实吧，大千世界是混乱不堪的。它是非线性的，狂躁不安，又处于动态变化之中；在抵达某处的过程中，它会处于不断变化之中，而非一种可以准确测量的均衡状态。它是自组织的，始终处于进化之中。它同时进化出多样化和统一性。正是由于这些原因，我们所处的大千世界才如此变化万千，异彩纷呈。正是这种多样性使其美丽动人，又运转自如。

人类的大脑着迷于直线而非曲线，整数而非分数，整齐划一而非参差不齐，确定无疑而非神秘莫测。但是，我们也存在完全相反的一面，因为我们本身也是从动态复杂系统中进化而来，被复杂性所塑造，并且处于复杂系统的结构之中。我们大脑的一部分，喜欢把建筑设计得方方正正、有棱有角，像一个盒子；这是近年来才出现的一种趋势。另外一部分则本能地承认，大自然的设计是分形的，无论是在显微镜下，还是在放大镜中，每一个切面上都有着迷人的、无穷变化的细节。正是这一部分建造了哥特式大教堂，编织出波斯人的地毯，创作出交响曲和小说，发明出盛装狂欢节并设计了人工智能程序。所有这些都是复杂性的展现，在我们周围的世界中比比皆是。

我们可以庆祝并鼓励自组织、无序、变异和多样性，至少我们中的部分人确实这样做了。其中一些人甚至将其作为道德准则，就像奥尔多·利奥波德的"土地伦理"（land ethic）①所阐述的那样："当某件事倾向于保护生物群落的完整、稳定和美丽时，它就是对的，否则就是错的。"

12. 扩展时间的范围

人类最糟糕的发明之一就是利息，并由此产生了诸如回收期和贴现率等点子，所有这些都为人们忽略长期利益提供了借口。

在工业社会，无论是企业还是政府考虑的时间范围都是有限的，要么是当前投资的回收期，要么是当期的任期，远远小于大多数家庭考虑的时间范围——会持续到孩子长大或孙辈。而很多美洲原住民文明的决策所谈及和考虑的时间范围却长达未来七代。**考虑的时间范围越长，生存的机会就会越好。**就像肯尼思·博尔丁所言：

> 大量历史证据表明，如果一个社会失去了后代的身份认同感，失去了对于未来的积极期望，那它也将失去处理当前问题的能力，并将很快崩溃……有观点认为，我们应该像鸟儿一样生活，或许我们的后代会在更多意义上保护鸟类。所

---

① 奥尔多·利奥波德在著作《沙乡年鉴》中首次倡导的一种环境伦理。——译者注

以，我们是不是可以把某个地方糟蹋了，然后再移居到另外一个地方去呢？这些观点有其耳目一新之处，然而，为将来着想，我完全不能接受这样的解决方案……

按照系统理论，严格来讲，没有长期和短期的区分。在不同时间范围内发生的各种现象彼此都是相互嵌套和依托的。此刻你采取的一些行动，除了即刻就会有一些效果之外，也可能在未来很长时间之后仍然残留着一些影响。其实，此时此刻，我们正在承受着过去一些行动的影响，这些行动可能发生在昨天、去年，也有可能是几十年前乃至数个世纪之前的事情。非常快速的过程和非常缓慢的过程之间的连接，有时候很强，有时候很弱。当那些非常缓慢的过程居于主导地位时，事情看起来似乎没有什么变化，而当非常快速的过程占据主导时，事情变化的速度可能让人没有喘息的时间。**在一般情况下，系统中大的和小的、快的和慢的，都是不断结合、分解、再组合的。**

当你沿着一条崎岖不平、障碍遍布的未知小路散步时，如果你低着头、只盯着脚下的那一两步，无疑是很不明智的。当然，只盯着远处，从不注意自己的脚下，也很愚蠢。这时候，你需要做的就是，既要关注长期（前方的路况），又要留意短期（脚下的状况）——留意整个系统。

13. 打破各种清规戒律

不管你是学什么专业的，教科书上是怎么说的，或者某个专家是如何认为的，你都不要盲从，放弃所有规则，只要紧紧遵从系统的指引就可以了，无论它去向何方。可以肯定的是，这样毫无疑问会打破很多传统的清规戒律。为了理解系统，你必须学会向经济学家、化学家、心理学家和神学家学习，当然也不能局限在这个范围内。你必须深入了解他们的术语行话，以及他们从自己独特的角度得出的结论，取其精华，去其糟粕，并将它们整合起来，融会贯通。当然，这并不容易。

把系统视为一个整体，要求人们的思考必须"跨领域"，也就是把不同学科或领域的人放到一块儿，让他们相互交流、切磋、研究。要想让"跨领域"沟通真正奏效，必须有一个待解决的真实问题，而且来自各个领域的代表必须真心愿意参与解决这一问题，而不只是追求学术上的正确。大家必须都进入到真正的学习模式，愿意承认自己的无知，愿意接受新的知识，不只是相互学习，还要向系统学习。

这完全可以做到。一旦做到，也会非常令人振奋。

14. 扩大关切的范围

要想在一个充满各种复杂系统的世界中生存，你不仅需要扩展时间范围，也要拓宽思考范围，也就是说扩大你的关切范围。当然，这样做符合很多文化中的道德规范。我们姑且不论道德上的争论，但从系统思考的角度看，这样做也必不可少。因为真正的系统是相互关联的，我们的任何一部分都与他人以及整个地球生态系统不可分割。在这个事物存在普遍关联的世界里，任何一项事物，如果离开了其他相关联的事物，都很难单独存在。

例如，如果你的肺不工作了，心脏也不可能像往常一样继续跳动；如果员工都不干了，你的公司也无法顺畅运作；如果洛杉矶的所有穷人都不在了，富人也将不复存在；如果非洲不存在了，欧洲也不会稳定如初；如果全球环境被破坏了，全球经济也将难以为继。

其实，除了系统之外，大多数人都知道"事物是相互关联的"这个道理。在这一点上，社会公认的道德规范和系统思考的实践原则是一致的。我们只不过是让人们真正相信他们已经知道的。

15. 不要降低"善"的标准

如前所述，系统基模之一是"目标侵蚀"，在当今时代，这一基模最危险的实例是：**现代工业文明正慢慢侵蚀着人们的道德水准**。这一陷阱的作用已经很明显了，后果也很可怕。

现在，有一些不良人类行为的例子被媒体的宣传放大，被文化所肯定，成为典型。你可能也会这么想：毕竟，我们只是凡人。有太多人性向善的例子没有被注意或提起，因为它们"不是新闻"。而且，凡事都有例外，有坏人，也一定会有圣人存在。不能指望所有人都按照同一个标准行动。

但是，如果这样的话，人们的期望就会降低。期望的行为与实际行为之间的差距就会缩小，继而被确认并逐渐灌输给人们的理想行为就更少了。公众舆论也会充满愤世嫉俗的态度。一些公众领袖显然是在"说一套，做一套"，不讲道德和是非，有些人甚至道德败坏，但也没有被追究责任。相反，理想主义会遭到嘲笑。有关道德信念的陈述都被认为是可疑的。在公共场合，谈论恨比谈论爱更为容易。对此，文学批评家和自然主义者约瑟夫·伍德·克鲁奇（Joseph Wood Krutch）是这样说的：

> 虽然人们从未对自己所拥有的感到满足，也未对实现自己内心渴望的能力有过充足的自信，但与此同时，他们也从未接受过如此低的自我评价。他们相信，科学的方法可以帮助人们创造财富、释放权力，也能从生物学和心理学上解释人们这么做的原因——或者至少能解释过去看起来很独特，甚至很神秘的事……但即便拥有财富和权力，他们在精神上依然十分贫瘠。

从上文我们已经知道该怎样应对"目标侵蚀"了，因此，**不要过度关注坏消息，而对好消息不闻不问，一定要有绝对的标准。**

系统思考只能告诉我们该做什么，但它本身不能去做。让我们回到知与行之间的鸿沟上。虽然系统思考不能填补这一鸿沟，但它可以引领我们来到鸿沟的边缘，让我们更好地分析，继而找到突破点：从人类精神的角度，告诉我们能做什么，以及必须做什么。

THINKING
IN SYSTEMS

附 录

系统思考：理解、应用与对策

系统术语

系统基模：一些常见的系统结构，能够产生特定的行为模式。

调节回路：一种逐渐趋于稳定或特定目标的、调节性的反馈回路，也称"负反馈回路"，因为它能消除或彻底扭转施加给系统的变化方向。

有限理性：从系统的一个部分来看，做出决策或行动的逻辑是合乎情理的；但从系统整体或更大的系统层面上看，这些逻辑就不合情理了。

动态平衡：在这种状况下，即便有流入量和流出量，存量的状态也是稳定不变的。只有当所有流入量和流出量完全相等时，才可能出现这种情况。

动态：一个系统或其中任何一个组成部分随着时间推移而展现出的行为变化。

反馈回路：通过影响与同一个存量相关的流入量或流出量，而使该存量发生改变的机制（规则、信息流或信号）。这是从存量开始的一个闭合的因果关系链，根据存量的水平，通过一系列相关的决策和行动，影响与存量相关的流量，反过来又会通过流量来改变存量。

流量：一段时间内，进入或离开某一个存量的物质或信息。

层次性：系统按照不同层次组织起来构成一个更大的系统。系统中包含一些子系统。

限制因素：系统必不可少的一种输入，在某个特定时刻，它会限制系统的活动。

线性关系：在系统中，两个要素之间存在因果关系，而且因与果的变化有着固定的比例，在图表中可以用一条直线来表示它们。其效果是累积的。

非线性关系：系统中，两个要素之间存在因果关系，但因与果的变化并不存在固定的比例。

增强回路：一种不断放大或强化的反馈回路，也称"正反馈回路"，因为它会强化既有的变化方向。它们既可能是良性循环，也可能是恶性循环。

适应力：系统从扰动中恢复到动态稳定状态的能力；受外力影响，系统产生改变后还原、修补、恢复正常的能力。

自组织：系统构建自身、产生新的结构、学习或多元化的能力。

主导地位转换：随着时间的推移，相互制衡的反馈回路之间的相对力量发生改变。

存量：在系统中，物质或信息随着时间推移而逐渐积累。

次优化：某个子系统的目标取代系统整体的目标居于主导地位时导致的一种不合理行为。

系统：一系列相互关联和有序组织在一起的要素或部分，它们会产生特定的行为模式，通常被称为系统的"功能"或"目标"。

系统原理概要

系统

- 整体大于部分之和。
- 系统中的很多关联是通过信息流运作的。
- 系统中最不明显的部分是它的功能或目标，而这常常是系统行为最为关键的决定因素。
- 系统结构是系统行为的根源。系统行为是系统随着时间流逝而展现出来的一系列事件。

存量、流量和动态平衡

- 存量是对系统中不断变化的流量的一种记录。
- 只要所有流入量的总和超过了流出量的总和，存量的水平就会上升。
- 只要所有流出量的总和超过了流入量的总和，存量的水平就会下降。
- 如果所有流出量的总和与流入量的总和相等，存量的水平将保持不变，即系统将保持动态平衡。
- 要想使存量增加，既可以通过增加流入速率来实现，也可以通过降低流出速率来实现。
- 存量在系统中起到延迟、缓存或减震器的作用。
- 由于存量的存在，流入量和流出量可以被分离开来，相互独立。

反馈回路

- 一个反馈回路就是一条闭合的因果关系链，从一个存量出发，根据存量当时的状况，经过一系列决策、规则、物理法则或者行动，影响到相关流量，又返回来改变了存量。
- 在系统中，调节回路是保持平衡或达到特定目标的结构，也是稳定性和抵制变革的根源。
- 增强回路是自我强化的，随着时间的变化，增强回路会导致指数级增长或者加速崩溃。
- 反馈回路传递的信息——哪怕是非物理性的信息——只能影响未来的行为，它发送信号的速度不够快，无法修正驱动当前反馈的行为。
- 在一个由存量维持的调节回路中，设定目标时，必须适当考虑补偿影响存量的重要的流入和流出过程。否则，反馈过程将超出或低于存量的目标值。
- 具有相似反馈结构的系统，也将产生相似的动态行为。

主导地位转换、延迟和振荡

- 当不同调节回路的相对优势发生改变时，系统通常会出现一些复杂的行为，由一个回路主导的某种行为模式变为另外一种。
- 调节回路上的延迟很可能会导致系统的振荡。
- 改变一个延迟的长短，可能会导致系统行为的巨大变化。

情景和测试模型

- 系统动力学模型可探究未来的多种可能性，并且提出"如果这样……会怎样"之类的问题。
- 模型的价值不取决于它的驱动情景是否真实（其实，对此没有任何人能够给出肯定的答案），而取决于它是否以真实的行为模式回应。

系统受到的约束

- 在呈指数级成长的系统中，必然存在至少一个增强回路驱动系统成长；同时，也必然存在至少一个调节回路限制系统的成长，因为在有限的环境中，没有任何一个系统可以永远增长下去。
- 不可再生资源受限于存量。
- 可再生资源受限于流量。

适应力、自组织和层次性

- 适应力总是有限度的。
- 不能只关注系统的生产率或稳定性，也要重视其适应力。
- 系统通常具有自组织的特征，具有塑造自身结构、生成新的结构、学习、多样化和复杂化的能力。
- 层次自下而上地进化；较高层级的目的服务于较低层级的目的。

系统之奇的根源

- 系统中的很多关系都是非线性的。
- 世界是普遍联系的，不存在孤立的系统；如何确定系统的边界，取决于你的分析目的。
- 在任何给定的时间内，对于系统来说，最重要的一项输入是限制最大的那个因素。
- 任何有着多重输入和输出的物质实体，都受到多重限制因素的制约。
- 任何成长都存在限制。
- 一个变量以指数级增长逼近一项限制时，其接近限制的时间会出乎意料地短。
- 反馈回路中存在较长的延迟时，一定的预见性是必不可少的。

- 系统中每个角色的有限理性可能无法产生促进系统整体福利的决策。

思维方式与模型

- 我们所认为的自己对这个世界任何事情的认识，都是一个模型。
- 我们的模型的确与这个世界十分相符。
- 我们的模型无法全面地反映真实世界。

常见的系统陷阱与对策

政策阻力

陷阱：当系统中的多个参与者将系统存量往不同的方向拉时，就会产生"政策阻力"。任何新政策，尤其是当它恰好管用时，都会让存量远离其他参与者的目标，因而会产生额外的抵抗，其结果是大家都不愿意看到的，但每个人都要付出相当大的努力去维持它。

对策：放弃压制或实现单方面的目标。化阻力为动力，将所有参与者召集起来，用先前用于维持"政策阻力"的精力，去寻找实现所有人目标的方式，实现"皆大欢喜"，或者重新定义一个更大的、更重要的总体目标，让大家愿意齐心协力去实现它。

公地悲剧

陷阱：当存在一种公共资源时，每个使用者都可以从这种资源中直接获利，但是过度使用该资源的成本要由所有人分担。因此，资源整体状况和资源使用者的决策之间的反馈关联非常弱，结果导致资源的过度使用及耗竭，最终每个人都没有资源可用。

对策：教育和劝诫使用者，让他们理解滥用资源的后果。同时，也可以恢复或增强资源状况及使用者之间的弱反馈关联，有两类做法：一是将资源私有化，让每个使用者都可以直接感受到对自己那一份资源滥用的后果；二是对于无法分割和私有化的资源，要管理所有使用者对资源的使用。

目标侵蚀

陷阱：允许标准受过去表现的影响，尤其是当人们对过去的表现评价偏负面时，将启动一个目标侵蚀的增强回路，使得系统表现不断下滑。

对策：保持一个绝对的标准。更好的状况是，用过去的最佳表现来提高标准，而不要受过去最差表现的干扰。这么做，系统结构没有变化，但能让目标和系统表现朝着更好的方向发展。

竞争升级

陷阱：当系统中一个存量的状态取决于另外一个存量的状态——它试图超过对方或相反，那么就构成了一个增强回路，使得系统陷入竞争升级的陷阱，表现为军备竞赛、财富攀比、口水仗、提高声音或暴力升级等现象。由于竞争升级以指数级形式变化，它能以令人惊异的速度导致竞争激化。如果什么也不做，这一循环也不可能一直发展下去，最后的结果将是一方被击倒或两败俱伤。

对策：应对这一陷阱的最佳方式是避免陷入这一结构之中。如果已经深陷其中，一方可以选择单方面让步，从而切断增强回路；或者双方可以协商出一个拥有调节回路的新系统，从而对竞争升级有所控制。

富者越富

陷阱：如果在系统中，竞争的赢家能获得进一步获胜的手段，那就形成了一个增强回路。如果这一回路不受限制地运转下去，最后只能是赢者通吃，输家满盘皆输。

对策：多元化，即允许竞争中落败的一方退出，开启一场新的博弈；反垄断法，即严格限制赢家占有的最大份额比例；修正竞赛规则，限制一些最强参与者的优势，或对处于劣势的参与者给予一些特别关照，增强他们的竞争力；对获胜者给予多样化的奖励，避免他们在下一轮竞争中拥有绝对优势，从而造成不公。

转嫁负担

陷阱：面对一个系统性问题，如果采用的解决方案根本无助于解决潜在的根本问题，只是缓解（或掩饰）了问题的症状时，就会产生转嫁负担、依赖和成瘾的状况。不管是麻痹个人感官的物质，还是隐藏潜在麻烦的政策，人们选择的干预行动都不能解决真正的问题。如果选择并实施的干预措施，导致系统原本的自我调适能力萎缩或受到侵蚀，就会引发一个破坏性的增强回路。系统自我调适的能力越差，就需要越多的干预措施，而这会使得系统的自我调适能力变得更差，不得不更多地依赖外部干预者。

对策：应对这一陷阱最好的办法是提前预防，防止跌入陷阱。一定要意识到只是缓解症状或掩饰信号的政策或做法，都不能真正地解决问题。因此，要将关注点从短期的救济转移到长期的结构性重建上来。

规避规则

陷阱：任何管控系统的规则都可能导致规避规则。所谓规避规则，就是表面上遵守或未违背规则，但实质上却不符合规则，甚至扭曲了系统的异常行为。

对策：设计或重新设计规则，从规避规则的行为中获得创造性反馈，使其发挥积极作用，实现规则的本来目的。

目标错位

陷阱：系统行为对于反馈回路的目标特别敏感。如果目标（满意度指标）定义不准确或不完整，即使系统忠实地执行了所有运作规则，其产出的结果也不一定是人们真正想要的。

对策： 恰当地设定目标及指标，以反映系统真正的福利。一定要特别小心，不要将努力与结果混淆，否则系统将只产出特定的努力，而不会产出你期望的结果。

采取干预措施的杠杆点

12. 数字，关注各种常数和参数，如补贴、税收和标准。

11. 缓冲器，与流量相关的稳定存量。

10. 存量—流量结构，实体系统及其交叉节点。

9. 延迟，系统对变化做出反应的速度。

8. 调节回路，试图修正外界影响的反馈力量。

7. 增强回路，驱动收益增长的反馈力量。

6. 信息流，谁能获得信息的结构。

5. 系统规则，激励、惩罚和限制条件。

4. 自组织，增加、变化或改进系统结构的力量。

3. 目标，系统的目的或功能。

2. 社会范式，生成系统——它的目的、结构、规则、延迟、参数的心智模式。

1. 超越范式。

系统世界的生存法则

1. 跟上系统的节拍。

2. 把你的心智模式展现在阳光下。

3. 相信、尊重并分享信息。

4. 谨慎地使用语言，并用系统的概念去丰富语言。

5. 关注重要的，而不只是容易量化的。

6. 为反馈系统制定带有反馈功能的政策。

7. 追求整体利益。

8. 聆听系统的智慧。

9. 界定系统的职责。

10. 保持谦逊，做一名学习者。

11. 庆祝复杂性。

12. 扩展时间的范围。

13. 打破各种清规戒律。

14. 扩大关切的范围。

15. 不要降低"善"的标准。

系统模型公式

即使不用计算机，我们也一样能从系统中学到很多东西。但是，哪怕是一个非常简单的模型，一旦开始探索，你就会发现自己是多么希望能更深入地学习，并创建自己正式的系统数学模型。

本书中的模型都是用 STELLA 建模软件创建的，该软件由 isee systems（原名为 High Performance Systems）公司出品。我在下面给出的公式可以很容易地写入各种建模软件中，例如 Vensim 软件、Stella 和 iThink 软件等。

下列公式用于第 1 章和第 2 章讨论的 9 个动态模型。"转化器"（converters）可以是常数，或是基于系统模型中其他要素得出的计算结果。(t) 是时间的缩写，(dt) 代表时间间隔，即从本次计算到下一次计算之间的时间长度。

浴缸（呈现于图 1-5 至图 1-7）

存　　　量：浴缸中的水量（t）= 浴缸中的水量（$t-dt$）+（流入量 – 流出量）× dt

初始存量值：浴缸中的水量 =50 加仑

t = 分钟数

dt= 1 分钟

运行时长 =10 分钟

流　　　入：流入量 = 0～5 分钟，流入速度是 0 加仑 / 分钟；6～10 分钟，流入速度是 5 加仑 / 分钟

流　　　出：流出量 = 5 加仑 / 分钟

咖啡杯的冷却或加热实验（呈现于图 1-10 至图 1-11）

● 冷却

存　　　量：咖啡温度（t）= 咖啡温度（$t-dt$）–（冷却 × dt）

初始存量值：咖啡温度 = 100℃、80℃、60℃……分别对应 3 个对比模型

t = 分钟数

dt = 1 分钟

运行时长 = 8 分钟

流　　　出：冷却 = 差距 × 10%

转　化　器：差距 = 咖啡温度 – 室内温度

室内温度 =18℃

● 加热

存　　　量：咖啡温度（t）= 咖啡温度（$t-dt$）+（加热 × dt）

初始存量值：咖啡温度 = 0℃、5℃、10℃，分别对应 3 个对比模型

t = 分钟

      dt＝1 分钟

      运行时长＝8 分钟

  流 入：加热＝差距 × 10%

  转 化 器：差距＝室内温度－咖啡温度

      室内温度＝18℃

银行账户（呈现于图 1-12 至图 1-13）

  存 量：银行账户余额（t）＝银行账户余额（$t-dt$）＋（利息收入 ×dt）

  初始存量值：银行账户余额＝100 美元

      t＝年

      dt＝1 年

      运行时长＝12 年

  流 入：利息收入（美元 / 年）＝银行账户余额 × 利率

  转 化 器：利率＝2%、4%、6%、8%、10%，分别对应 5 个对比模型

温度调节器（呈现于图 2-1 至图 2-6）

  存 量：室内温度（t）＝室内温度（$t-dt$）＋（加热－散热）×dt

  初始存量值：室内温度＝10℃（冷房间制热）；18℃（热房间制冷）

      t＝小时

      dt＝1 小时

      运行时长＝8 小时和 24 小时

  流 入：加热＝5 或 实际室温与设定温度之差的最小值。

  流 出：散热＝室内外温差 × 10%，对应"正常的"房子；室内外温差 × 30%，对应"保温效果不好的"房子。

  转 化 器：温度设置＝18℃

实际室温与设定温度之差＝0 或（设定温度－室内温度）的最大值。

室内外温差＝室内温度 -10℃，对应恒定的室外温度（图2-2 至图2-4）；室内温度 -24 小时的室外温度，对应一天一夜的室外温度（图2-5 至图2-6）。24 小时的室外温度变化，从白天10℃（50 °F）到夜间 -5℃（23 °F），如图A-1 所示：

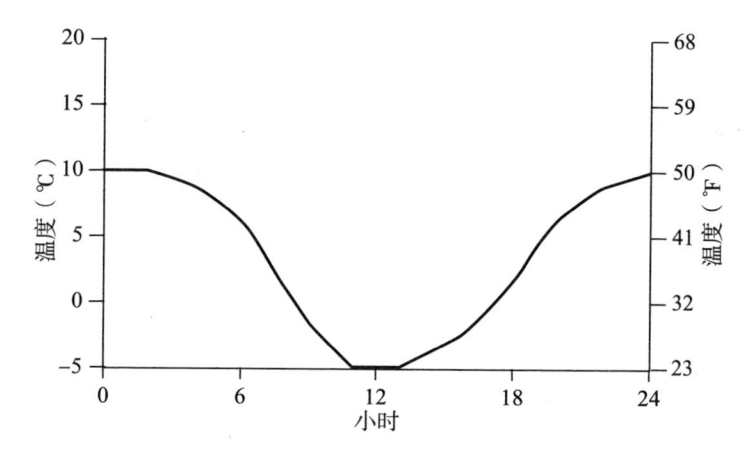

图A-1 一个昼夜24 小时的室外温度

人口（呈现于图2-7 至图2-12）

存　　量：人口（t）＝人口（$t-dt$）＋（出生人数－死亡人数）×dt

初始存量值：人口＝66 亿

　　　　　t＝年

　　　　　dt＝1 年

　　　　　运行时长＝100 年

流　　入：出生人数＝人口 × 出生率

流　　出：死亡人数＝人口 × 死亡率

转　化　器：图 2-8：

　　　死亡率 = 0.009，或每 1 000 人中死亡 9 人

　　　出生率 = 0.021，或每 1 000 人中生育 21 人

图 2-9：

死亡率 = 0.030

出生率 = 0.021

图 2-10：

死亡率 = 0.009

经过一段时间后，出生率从 0.021 下降到 0.009，

如图 A-2 所示：

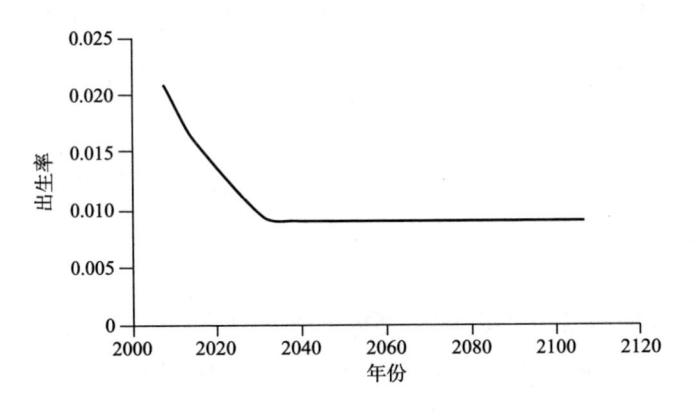

图 A-2　正文中图 2-10 的出生率

图 2-12：

死亡率 = 0.009

出生率从 0.021 下降至 0.009，又上升至 0.030，如图 A-3 所示：

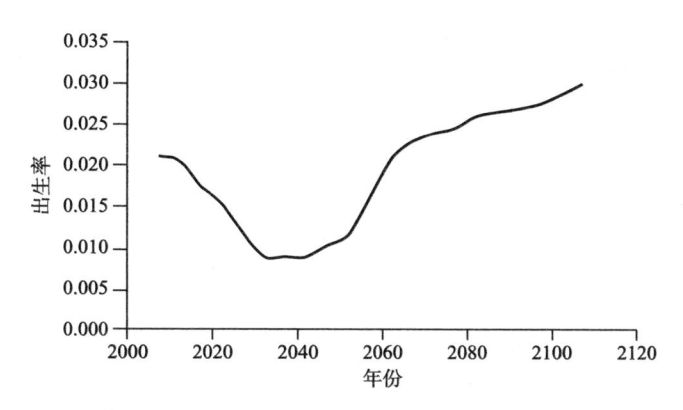

图 A-3　正文中图 2-12 的出生率

资本（呈现于图 2-13 至图 2-14）

存　　　量：资本存量（t）= 资本存量（$t-dt$）+（投资额 − 折旧）× dt

初始存量值： 资本存量 = 100

t = 年

dt = 1 年

运行时长 = 50 年

流　　　入：投资额 = 年产量 × 投资系数

流　　　出：折旧 = 资本存量 / 资本生命周期

转　化　器：年产量 = 资本存量 × 单位资本的产出

资本生命周期 = 10 年、15 年、20 年，分别对应 3 个对比模型

投资系数 = 20%

单位资本的产出 = 1/3

库存（呈现于图 2-15 至图 2-22）

存　　　量：汽车库存量（t）= 汽车库存量（$t-dt$）+（交付 − 销售）× dt

初始存量值：汽车库存量 = 200 辆

t = 天

dt = 1 天

运行时长 = 100 天

流　　入：交付 = 20 辆，时间 0 至 5 天；

给工厂的订单（t - 交货延迟），时间 6 至 100 天

流　　出：销售 = 汽车库存量的最小值或客户需求

转 化 器：客户需求 = 每天 20 辆汽车，时间 0 至 25 天；

每天 22 辆汽车，时间 26 至 100 天

预期的销售量 = 感知延迟下的平均销量（即受感知延迟影响的销量）

期望的库存量 = 预期的销售量 × 10

差异 = 期望的库存量 - 汽车库存量

给工厂的订单 =（预期的销售量 + 差异）的最大值或 0，图 2-18；

=（预期的销售量 + 差异 / 反应延迟）的最大值或 0，图 2-20 至图 2-22

图 2-16，延迟：

感知延迟 = 0

反应延迟 = 0

交货延迟 = 0

图 2-18，延迟：

感知延迟 = 5 天

反应延迟 = 3 天

交货延迟 = 5 天

图 2-20，延迟：

感知延迟 = 2 天

反应延迟 = 3 天

交货延迟 = 5 天

图 2-21，延迟：

感知延迟 = 5 天

反应延迟 = 2 天

交货延迟 = 5 天

图 2-22，延迟：

感知延迟 = 5 天

反应延迟 = 6 天

交货延迟 = 5 天

受不可再生资源限制的可再生存量（呈现于图 2-23 至图 2-27）

存　　量：资源（t）= 资源（$t-dt$）-（开采量 × dt）

初始存量值： 资源 = 1 000，图 2-24、图 2-26、图 2-27；1 000、2 000、4 000，对应图 2-25 的 3 个对比模型

流　　出：开采量 = 资本 × 单位资本收益

t = 年

dt = 1 年

运行时长 = 100 年

存　　量：资本（t）= 资本（$t-dt$）+（投资额 - 折旧）× dt

初始存量值： 资本 = 5

流　　入：投资额 = 利润或增长目标的最小值

流　　出：折旧＝资本／资本生命周期
转 化 器：资本生命周期＝20年

利润＝（价格 × 开采量）-（资本 × 10%）

增长目标＝资本 × 10%，图2-16至图2-26；资本

× 6%、8%、10%、12%，对应于图2-26的4个对

比模型

价格＝3，图2-24、图2-25、图2-26；图2-27，价格从1.2开始，此时单位资本收益很高；随着单位资本收益下降，价格上升到10，如图A-4左图所示；单位资本收益从1开始，此时资源存量很高，随着资源存量的下滑，单位资本收益变为0，如图A-4右图所示。

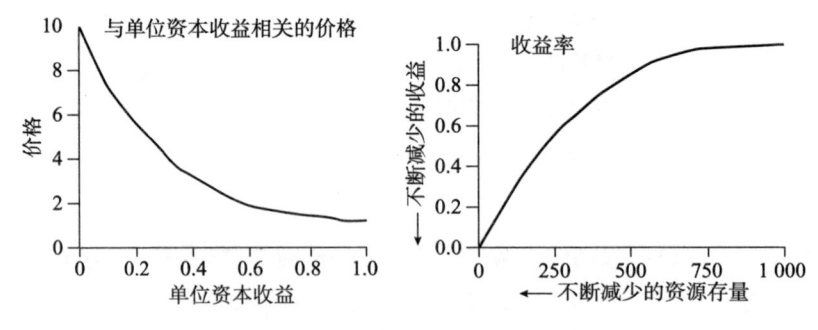

图A-4　单位资本收益随资源存量下滑而下降

受可再生资源限制的可再生存量（呈现于图2-28至图2-31）

存　　量：资源（t）＝资源（t-dt）＋（再生量 - 捕捞量）× dt
初始存量值：资源＝1 000
流　　入：再生量＝资源 × 再生率
流　　出：捕捞量＝资本 × 单位资本收益

t＝年

      dt = 1 年

      运行时长 = 100 年

  存 量：资本（*t*）= 资本（*t* - *dt*）+（投资额 - 折旧）× *dt*

初始存量值：资本 = 5

  流 入：投资额 = 利润或增长目标的最小值

  流 出：折旧 = 资本 / 资本生命周期

  转 化 器：资本生命周期 = 20 年

      增长目标 = 资本 × 10%

      利润 =（价格 × 捕捞量）- 资本

价格从 1.2 开始，此时单位资本收益很高，随着单位资本收益下降，价格上升到 10。与前面的模型一样，价格和收益之间也是一种非线性的关系，如图 A-5 所示：

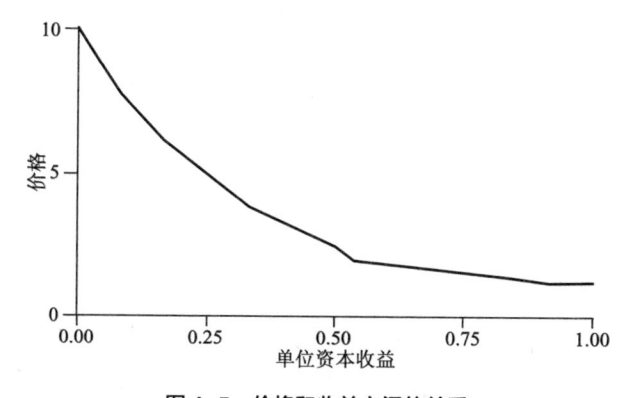

图 A-5 价格和收益之间的关系

  再生率在资源储备很充足或彻底耗尽时是 0。在资源变化范围的中间段，再生率达到最高点 0.5 左右，如图 A-6 所示：

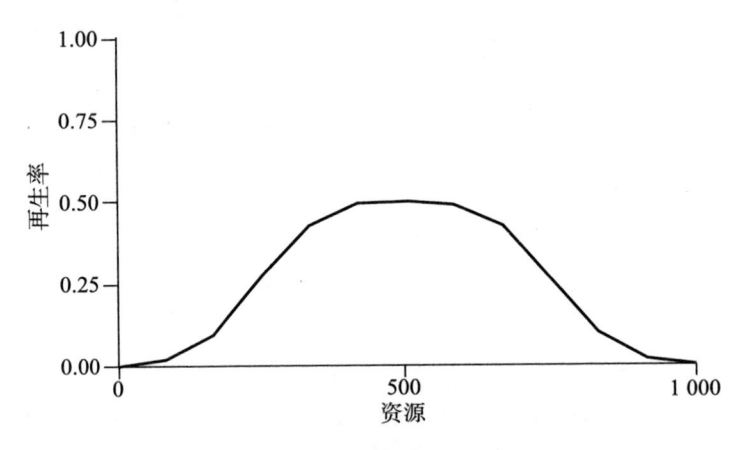

图 A-6　资源与再生率之间的关系

单位资本收益从 1 开始，此时资源储备充足，但随着资源存量减少，单位资本收益下降（非线性）。单位资本收益的增长从总体上看，图 2-29 增长率最低，图 2-30 增长率稍微高些，图 2-31 增长率最高，如见图 A-7 所示：

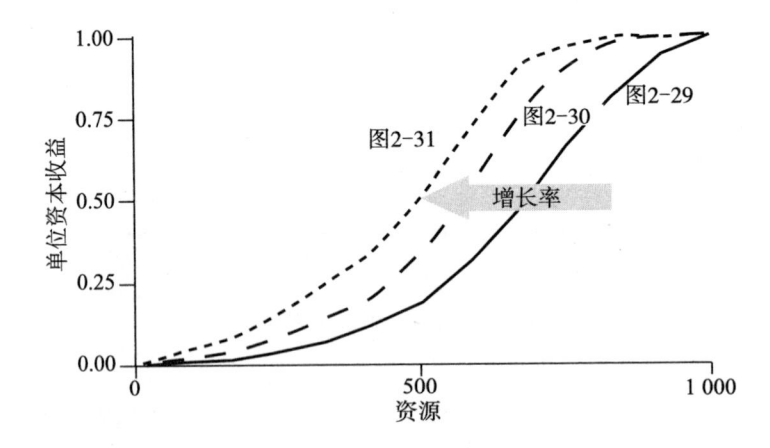

图 A-7　资源与单位资本收益之间的关系

THINKING
IN SYSTEMS

译者后记

9个月，全部利用业余时间，我的第7部译著《系统之美》正式审校完成。又到了最后要写些什么的时候，心中确实是感慨万千。因为每一次翻译都是一次独特的"痛并快乐着"的过程，一方面我要靠使命感支撑着自己度过一段苦行僧般的生活，另一方面这也是自己高强度地深入学习、思索、领悟和提升的过程。这本书也不例外。

虽然我自己学习和应用系统思考已经有16年了，但仍感这一体系的博大精深，既有诸多大师级人物基于控制论、信息论、系统论等科学创立的完备体系，又有实用的方法和工具。这着实需要持续不断地操练，才能逐渐提升自己的思维能力，达到"全面思考""深入思考""动态思考""整体思考"的境界，透过事物的表象看到内在本质，超越一个个孤立的事件看到系统整体的发展变化、来龙去脉，超越本位或局部看到相互关联的整体，对事物运作的内在机理、关键要素以及可能的干预措施等建立较为清晰的认识。当然，在学习的过程中，自己认真学习、用心琢磨是一回事；如果有高手指点，进步就会更快。

回想我自己的学习历程也是如此。我最早在1996年开始接触彼得·圣吉的《第五项修炼》，但当时对如何应用其中的"第五项修炼"（即系统思考）并没有什么感觉。之后，我开始套用一些"基模"，有了一些模模糊糊的感觉。直到2003年，我开始翻译丹尼斯·舍伍德的《系统思考》一书，并有幸结识了孟庆俊、刘兆岩、宋铠教授等"高手"，才算是真正入了门，学习并应用这一实用的方法。之后，我先后给数百家企事业单位进行过"系统思考应用实务"的培训，教学相长，同时自己也一直不停地在学习、实践，于2009年出版《系统思考实践篇》，算是有了"小成"。但是，平心而论，我清醒地认识到，相对于纷繁复杂的大千世界，我自己的"系统思考"能力仍是微不足道的。因此，看到这本书时，我怦然心动，因为本书作者绝对堪称系统思考的大师，师从系统动力学创始人杰伊·福里斯特教授，是知名的"世界模型Ⅲ"的主创人员、《增长的极限》第一作者，长期从事系统思考研究、实践和教学工作。在本书中，作者不仅深入浅出地阐述了系统思考的基本原理与方法，而且给出了应用系统思考的"内功心法"，让人受益匪浅。事实上，本书初稿写成于1993年，在其后多年的教学中不断得到验证和锤炼，也在系统思考领域有着良好的口碑，曾广为流传。因此，我本人不仅很喜欢这本书，也非常荣幸能将其翻译成中文。

本书由我翻译，北京学而管理咨询有限公司的崔玲女士协助翻译了第1章和附录部分，并对全书进行审核、校对，最后由我进行全文审校、定稿。

基于多年的亲身经验，我深感系统思考的价值之重，希望本书能让更多渴望学习和提升自己系统思考能力的读者朋友有所受益。

未来，属于终身学习者

我们正在亲历前所未有的变革——互联网改变了信息传递的方式，指数级技术快速发展并颠覆商业世界，人工智能正在侵占越来越多的人类领地。

面对这些变化，我们需要问自己：未来需要什么样的人才？

答案是，成为终身学习者。终身学习意味着永不停歇地追求全面的知识结构、强大的逻辑思考能力和敏锐的感知力。这是一种能够在不断变化中随时重建、更新认知体系的能力。阅读，无疑是帮助我们提高这种能力的最佳途径。

在充满不确定性的时代，答案并不总是简单地出现在书本之中。"读万卷书"不仅要亲自阅读、广泛阅读，也需要我们深入探索好书的内部世界，让知识不再局限于书本之中。

湛庐阅读 App: 与最聪明的人共同进化

我们现在推出全新的湛庐阅读 App，它将成为您在书本之外，践行终身学习的场所。

- 不用考虑"读什么"。这里汇集了湛庐所有纸质书、电子书、有声书和各种阅读服务。
- 可以学习"怎么读"。我们提供包括课程、精读班和讲书在内的全方位阅读解决方案。
- 谁来领读？您能最先了解到作者、译者、专家等大咖的前沿洞见，他们是高质量思想的源泉。
- 与谁共读？您将加入优秀的读者和终身学习者的行列，他们对阅读和学习具有持久的热情和源源不断的动力。

在湛庐阅读 App 首页，编辑为您精选了经典书目和优质音视频内容，每天早、中、晚更新，满足您不间断的阅读需求。

【特别专题】【主题书单】【人物特写】等原创专栏，提供专业、深度的解读和选书参考，回应社会议题，是您了解湛庐近千位重要作者思想的独家渠道。

在每本图书的详情页，您将通过深度导读栏目【专家视点】【深度访谈】和【书评】读懂、读透一本好书。

通过这个不设限的学习平台，您在任何时间、任何地点都能获得有价值的思想，并通过阅读实现终身学习。我们邀您共建一个与最聪明的人共同进化的社区，使其成为先进思想交汇的聚集地，这正是我们的使命和价值所在。

CHEERS

湛庐阅读 App
使用指南

读什么
- 纸质书
- 电子书
- 有声书

怎么读
- 课程
- 精读班
- 讲书
- 测一测
- 参考文献
- 图片资料

与谁共读
- 主题书单
- 特别专题
- 人物特写
- 日更专栏
- 编辑推荐

谁来领读
- 专家视点
- 深度访谈
- 书评
- 精彩视频

HERE COMES EVERYBODY

下载湛庐阅读 App
一站获取阅读服务

Thinking in Systems: A Primer by Donella Meadows

Copyright © 2008 by Sustainability Institute

BEIJING CHEERS BOOKS LTD. edition published by arrangement with Chelsea Green Publishing Co., White River Junction, VT, USA

www.chelseagreen.com

本书中文简体字版经授权在中华人民共和国境内独家出版发行。未经出版者书面许可，不得以任何方式抄袭、复制或节录本书中的任何部分。

版权所有，侵权必究。

> **图书在版编目（CIP）数据**
>
> 系统之美 ／（美）德内拉·梅多斯
> (Donella H. Meadows) 著；邱昭良译. -- 杭州：浙江
> 教育出版社，2023.12（2025.5重印）
> 　ISBN 978-7-5722-6958-5
>
> 　Ⅰ．①系… Ⅱ．①德… ②邱… Ⅲ．①企业管理—经
> 营决策 Ⅳ．①F272
>
> 中国国家版本馆CIP数据核字（2023）第229174号

浙江省版权局
著作权合同登记号
图字:11-2022-260号

上架指导：管理／组织管理

版权所有，侵权必究
本书法律顾问　北京市盈科律师事务所　崔爽律师

系统之美
XITONG ZHI MEI

［美］德内拉·梅多斯（Donella H. Meadows）　著
邱昭良　译

责任编辑：刘姗姗
美术编辑：韩　波
责任校对：胡凯莉
责任印务：陈　沁
封面设计：ablackcover.com

出版发行	浙江教育出版社（杭州市环城北路177号）
印　　刷	天津中印联印务有限公司
开　　本	710mm×965mm　1/16
印　　张	20
字　　数	259千字
版　　次	2023年12月第1版
印　　次	2025年5月第4次印刷
书　　号	ISBN 978-7-5722-6958-5
定　　价	119.90元

如发现印装质量问题，影响阅读，请致电 010-56676359 联系调换。